ПЕРЕГОВОРЫ
С МОНСТРАМИ
Игорь Рызов

与怪物谈判

如何在谈判中以小博大

［俄罗斯］**伊戈尔·雷佐夫**＿＿＿＿＿ 著　杨李梅＿＿＿＿＿ 译

中国科学技术出版社
·北　京·

北京市版权局著作权合同登记　图字：01-2021-7119。

图书在版编目（CIP）数据

与怪物谈判：如何在谈判中以小博大 /（俄罗斯）伊戈尔·雷佐夫著；杨李梅译 . —北京：中国科学技术出版社，2022.3

ISBN 978-7-5046-9431-7

Ⅰ. ①与… Ⅱ. ①伊… ②杨… Ⅲ. ①谈判学 Ⅳ. ① C912.35

中国版本图书馆 CIP 数据核字（2022）第 025444 号

策划编辑	杜凡如　何英娇	
责任编辑	孙倩倩	
封面设计	马筱琨	
版式设计	锋尚设计	
责任校对	焦　宁	
责任印制	李晓霖	

出　　版	中国科学技术出版社
发　　行	中国科学技术出版社有限公司发行部
地　　址	北京市海淀区中关村南大街 16 号
邮　　编	100081
发行电话	010-62173865
传　　真	010-62173081
网　　址	http://www.cspbooks.com.cn

开　　本	880mm×1230mm　1/32
字　　数	135 千字
印　　张	6.625
版　　次	2022 年 3 月第 1 版
印　　次	2022 年 3 月第 1 次印刷
印　　刷	北京盛通印刷股份有限公司
书　　号	ISBN 978-7-5046-9431-7/C·189
定　　价	69.00 元

推荐语

叶夫根尼·克利莫夫（俄罗斯国际文传电讯社副总经理）

　　这是一本出色得令人上瘾的商业图书，一本读不完就无法放下的书。伊戈尔以清晰易懂的创业故事为例，解释了为什么双赢战略比强力沟通更有前景，哪些方法可以用于与强硬的谈判者进行沟通，以及如何永远记住拉西奥先生。我推荐给初学者和经验丰富的"怪物"来阅读此书。

伊琳娜·卡卡达（政治家、评论员）

　　这是一本好书，作者根据实践经验，分析了俄罗斯的传统谈判技巧并将其转化为具有建设性的实用工具。历史经验和教育体系尚不能帮助大家与"怪物"谈判。这本书不仅对"怪物"有用，对想要成功的人也特别有用。

格里戈里·阿韦托夫（俄罗斯协同商学院校长）

　　伊戈尔·雷佐夫是俄罗斯乃至全世界的谈判高手，尤其擅长克服谈判中通常会产生的复杂的心理——恐惧。我们经常在企业和团体生活中感受到恐惧——与合作伙伴、客户、投资商进行谈判就像与恶魔斗争一样，用伊戈尔的话来说，就是与"怪物"斗争。不论资产和社会地位如何，每个人都有自己的"怪物"。当然，我们跟着伊戈尔学习了如何与这些"怪物"战斗后，我们的"怪物"就安静了不少。

马克西姆·巴特列夫（俄罗斯畅销书作家、巴特列夫咨询集团创始人）

有生之年，我读过大约100本关于谈判的书，我可以自信地说："本书是最好的一本。"我一直都认为伊戈尔·雷佐夫是俄罗斯很棒的谈判专家，这本书很好地证明了这一点。本书是伊戈尔基于自身经历总结出来的，非常有意义。

本书深入地研究了谈判技巧和方法，引用了很多真实例子。书中介绍了与那些看上去比自己更强的人进行谈判的合理方式。

当我遇到问题且不知道该如何进行谈判时，我通常向伊戈尔寻求建议。我从他那里获得的大部分建议都在这本书中有所体现，它们确实很有效。

我认为当今青年们都应该读一读这本书，要知道在这个世界上有太多的"怪物"试图吞噬我们。

不要让自己被欺负，不要让自己被吞噬，去和"怪物"斗争并战胜他们！

前　言

　　25岁的我，是一个傲慢自负的年轻人，当时我搬到了莫斯科并担任一个酒品公司的首席执行官。职责所在，我需要与其他人进行谈判，这些人包括官员、商人等。坦白地说，我在他们眼里就是一个小孩。我刚工作时，在与官员的谈判中明显感受到了这一点。我必须解决营业许可证、执照、资质证书、房屋租赁和医疗保险等问题。他们在与我谈判的时候总是高傲、藐视地向我提出条件。我的对手对我而言就是"怪物"。

　　我对一些谈判尤其难忘。我的对手是一家大型联合企业的董事长，20世纪90年代汽车厂私有化后他一夜暴富，在莫斯科市中心有自己的办公大厦和警卫队伍。由于年轻，我认为自己能够胜任一切，能和这样年长的对手平等地交流。这份自信和我的领导有关，他是白俄罗斯一位既有人脉又有钱的董事长，在他的庇护下，我甚至认为可以轻松打开明斯克（不光明斯克）的任何一道门。总之，我脑海里的画面是这样的：我是一个天才谈判员，在得到接见后，我在指定的时间来到"怪物"的办公室。我穿着西装，戴着眼镜，留着胡须。是的，我还拿了一份从我的出生地白俄罗斯带来的礼物——糖果和野牛草伏特加。我走进一间里面有昂贵家具的巨大的办公室，我对面的人身着名贵的西装坐在椅子上看报纸，他办公桌上的物品寥寥无几。办公室的墙上有一幅叶利钦的画像和一面旗帜。谈话开始了。

——伊万·彼得罗维奇（化名），我叫伊戈尔·雷佐夫，我来找您谈仓库租赁问题。这是我从白俄罗斯给您带来的礼物。（我把礼物放在桌上。）

——……

——您知道，我是明斯克的一家大型联合企业的代表。我们准备看看您的仓库并租一间。

——年轻人，（他打断我）你干什么来了？

——……伊万·彼得罗维奇，我来与您谈谈仓库租赁的事情。

——听着，雷佐夫，有很多人排着队要和我谈仓库租赁的事情，如果不能满足我提的条件，那你就回明斯克去吧，这些糖果不用送给我，你拿去送给女孩儿吧。

然后，我什么也没捞着就回了家，我接受了不利条件。"怪物"把我吃掉了。

那么，这些"怪物"究竟都是谁？他们是我们的对手，比我们强大，从一开始他们就占据了主导地位并且了解我们依赖什么。出于某种原因，这些人是我们会害怕的人，因此，最终我们回避沟通，接受他们的条件。我的对手在年龄、金钱、职位、经验等方面都比我优越，而我对情况有着错误的认知：我认为去他的办公室，就已经完成了50%的谈判，再送一份礼物至少又完成了40%。

和"怪物"的谈判通常进行得很快，因为他们的座右铭是"只能这样，其他怎么样都不行"。这种谈判的结果通常会给弱者造成金钱上的损失。但值得注意的是，大多数人却像飞蛾扑火一般，明知道会亏损甚至有可能亏损，也要去和"怪物"谈判。很多书籍和培训课程都会教大家如何找到对手的电话号码，如何预约见面，却很少有人告诉我们下一步该怎么做。而接下来，在这道门和障碍物后面的正是那个什么都不需要、对什么都不感兴趣的"怪物"。与他谈论天气是没有用的，许多人坚信，与这样的"怪物"采取非正式交流的办法更好，例如去餐厅。一个参加培训的人曾说："所有与'怪物'的谈判都是在澡堂里进行的。"是的，这个说法在某种程度上是正确的，但是他会和你一起去澡堂吗？你要相信，有一大群人想和他建立这种非正式关系。

本书内容是关于如何在与"怪物"的谈判中获取自己的利益。在这里既没有脚本也找不到模板，你必须自己去思考和想象。仅读完本书是远远不够的，最重要的是你要学会运用本书中所提到的方法。

目 录

请注意这些符号

 重要信息，批评性的意见

 结论

 对话

第一部分

"怪物"与弱者

你的生活就是谈判

究竟什么是谈判？我相信，与其给读者一个冗长的定义，不如不要定义。我将以我的理解来告诉大家什么是谈判。

谈判是生活。不久前，我与一个25岁的小伙子进行了交谈，这个年轻人是个优秀的程序员，他拥有高超的技术水平，有能力完成别人不能完成的工作。但是，或许因为他天生腼腆，他不知道如何与别人谈判。他在一次培训中找到我，对我说："伊戈尔，你知道吗，我有一个很严重的问题，我无法与他人沟通。"我问他为什么得出了这样的结论。他说："在工作方面，我比同事们都做得好得多，但是我的薪水却比他们少得多，我不好意思去找领导，也不想换工作。为什么会这样呢？为什么会发生这样的事？"

这个问题很难回答，原因在于我们的生活完全就像谈判，你可以是自己所在领域的专家（优秀的医生、程序员和卓越的工程师等），但是如果你不会和他人沟通，那么你的收入水平和生活质量都将会比那些专业能力普通但沟通能力强的人低很多。这个结果让人难过，但这是事实。

这类人（优秀的专家，但谈判能力差的人）通常都和优秀作品中的名言所阐述的一样，例如，俄罗斯作家布尔加科夫的长篇小说《大师与玛格丽特》中的著名人物沃兰德说"永远不要向别人要求什么，尤其是向那些比你强的人，他们都自给自足"。这种无稽之谈和谬见会导致人们不想见到的后果。你不仅要问，还要拿到自己该拿的。你要明白，谁懂得从生活中拿到属于自己的东西，谁就懂得如何正确地进行谈判，也就能活得更好。因此，如果你是高级程序员或者医生等，并且还会谈判，那么你将比其他普通的专家赚得更多，生活质量和生活水平也会比他们高出很多。

我们为此需要做些什么呢？首先，认识到这件事本身就是一个巨大的优势了。让我们来看一个很多人都熟知的例子：史蒂夫·乔布斯和史蒂夫·沃兹尼亚克。很少有人知道史蒂夫·沃兹尼亚克是谁，或许有人听说过他的名字，但很少有人知道他是谁。但是大部分人都知道乔布斯是谁。史蒂夫·沃兹尼亚克是苹果公司的联合创始人之一，也是苹果一代（Apple Ⅰ）和苹果二代（Apple Ⅱ）的研发者之一。而是谁把产品介绍给全世界的呢？是天才沟通者、谈判者和演讲大师史蒂夫·乔布斯。这个例子清楚地说明了为什么每个人都知道史蒂夫·乔布斯而很少有人知道史蒂夫·沃兹尼亚克。

　　谈判是生活。无论是在家里、在工作中还是在聚会中，我们都会进行谈判。换句话说，谈判无处不在。

　　由于许多人会将谈判与普通谈话混淆，因此应注意这两个概念之间的区别。它们的区别在于，在谈判中双方至少有一方具有固有目标。你一定会认同，在日常生活的谈判中我们有很多目标。例如，妻子问丈夫："早餐吃什么？"由于已经确定了某个目标，这就是谈判的开始。这个目标可以是明确的，也可以是隐蔽的，我们可以去弄清对手的目标，但也只能猜测，有时甚至完全不知道对手的目标，以为对手只是与自己进行了漫无目的的对话。实际上，几乎所有对话都应被视为谈判，因为所有对话都是在谈判之前进行的，如果你为此做好了准备，那么你将一直前进、前进、前进。

　　谈判的下一个问题是谈判过程中参与者的数量。参与者的数量可以不计，谈判甚至可以由一个人组成（与自己谈判）。与最强硬的对手（自己）达成协议有时非常重要。据此，我想反驳将至少要两个人参与谈判作为谈判的标准定义这一点。一个人（自己）也可以参加谈判，与自己达成协议也是一个谈判过程。

　　谈判类型分为三种，分别是日常谈判、商务谈判和外交谈判。有人认为，谈判者的最高水平的定义是能进行外交谈判，而最好的谈判者就是外交官。在某种程度上这是正确的，但还有一个与之对立的观点：最厉害的谈判是日常谈判。为什么是这样的呢？因为所有的商务谈判和外交谈判都是基于日常状况的。因此，在我看来，掌握了简单的日常谈判的方法后，我们就可以轻松地处理商业状况。

以买卖谈判为例，通常有人在培训或咨询期间问我相关的谈判问题。人们对谈判方法的构建及其在各种情况下的使用很感兴趣。对此，我总是建议他们借鉴日常谈判的领域以进行买卖谈判。事实上，买卖双方的谈判过程和男女之间恋爱的过程相似。

卖家问我："为什么我去买家那里，向他展示我极好的产品，但他并不想理我？"

我问了他一个简单的问题："你是怎样去认识女孩的？难道你是用'你好，跟我一起去电影院……'这样的话开始的吗？"

卖家说："不，不是那样的，我会为此做准备，穿上好看的衣服，喷一点香水，还会想一些夸赞她的话。"

我接着问："那你为什么不把这些用在买家身上呢？"

这个问题的答案是：人们将这些情况归为不同的谈判类型。实际上，处理这些情况的思路是相同的。

我建议你思考一下管理中（领导和下属之间）的谈判方法。这个问题的答案同样简单，这与父母和孩子之间的谈判是一样的，因为有惩罚、有奖励、有犯错，还有成长，也就是说，领导和下属之间的这些行为也会发生在亲子关系中。

因此，我建议你研究一下日常谈判的方法并将其用在平时的谈判中。说到和"怪物"谈判，我们也要考虑日常情况，因为即使是最厉害的谈判者，也会对日常谈判产生恐惧。

"第二章"

谈判是一项运动

　　通常会有一些关于谈判定义的激烈争论，即"到底什么是谈判"。谈判是一门与人的天赋密不可分的艺术，还是一门可以学会的科学？针对这个有趣的问题，我找到了答案——谈判是一项运动。为什么这么说呢？因为谈判就像运动一样，需要不断地练习。一般来说，练习做得越多，技能提高得就越多。即使一些优秀运动员天赋异禀，但是如果没有经过系统训练，他们也无法取得更好的成绩。当然，谈判中也有一部分艺术因素是天生的。我们常说："他是天生的谈判者。"这个所谓的"天生的谈判者"就像天生的运动员一样，如果不经过系统且不断地训练，那他很可能会差于受过良好训练的运动员。换句话说，每个人都能学会谈判。或许不能取得最好的成绩，但一定会比没有接受过谈判技巧训练的人好很多。

　　因此，对于每个人甚至天生沟通能力糟糕的人能否学会谈判这个问题，我只有一个答案："是的，可以！"那么，为此需要做些什么？如何提高自己的成绩？

　　几年前，为了让我的健康状况和体型保持良好，我决定减肥。我开始与减肥塑身专家奥列格·多布罗柳波夫交流。我每天早晨都从一个简单但非常有效的训练——"平板支撑"开始。尽管我感到既无聊又累，也想过放弃这件事，但是我的每个早晨仍从"平板支撑"开始。我每天早晨都比前一天早晨多坚持1秒，甚至2秒，虽然刚开始的时候我只能支撑1分钟，但一两个月后我已经可以支撑5分钟了。三个月后在奥列格的带领下，我开始练习铁人三项，九个月后在索契我第一次按时完成了1.5千米游泳、40千米自行车、10千米长跑的铁人三项。值得注意的是，在此之前我从未做过什么体育运动，也没有出色的身体素质。学习谈判要做的事情也是一样：每天练习、不要害怕、阅读、从自己的错误中学习，最重要的是，每一次的谈判不管是输是赢，都同样能够帮助你提高下次的成绩。不要逃避谈判，你逃得越远，接下来就会越困难。

　　朋友们，我将在本书中分析许多谈判技巧并提供一些建议，但如果你们不去练习，这些都是没用的。通过书籍学会谈判是不可能的，因此，在读完每一章后，请你去思考一下如何在实践中运用这些知识。请尝试去运用它！取得成果的，把它变成你的东西，以后可随时使用；未取得成果的，下次可将它放在一边。

　　那么，让我们一起进入下一章吧。

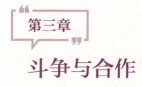

斗争与合作

　　为了更好地了解"怪物"是谁，以及如何与之谈判，我们需要了解两种谈判模式（更准确地说是两种风格），斗争模式与合作模式。

　　由于俄罗斯的谈判通常以斗争模式开始，因此许多国家的合作伙伴都将俄罗斯称为谈判过程强硬的国家。我们谈判的时候总是会说"我们什么都不需要""我们什么都有""你的价格太高了""你们比别人有什么优势"，或者只是简单地说"不"。当然，后来出于利益和规范谈判，俄罗斯人的谈判模式也转变为有利于未来长期发展的合作模式。

　　为什么会这样呢？事实上，俄罗斯人的安全系统非常灵敏。此前，我已经在我的其他作品中提到过哈里通诺夫概述的方法：以合作为目的构建安全系统。安全系统是一种互不信任的模式，因此，一旦我们进入谈判，我们的安全系统就会被激活，随后就会引发斗争。因此，我们彼此产生了极大的互不信任。正因如此，我们才有必要考虑俄罗斯人的这一思维特点，同样也要考虑那些在谈判过程中更常使用合作模式而不是斗争模式的合作伙伴的特点。在图3-1中可以看到，该轴上不同国家使用的是哪种模式。

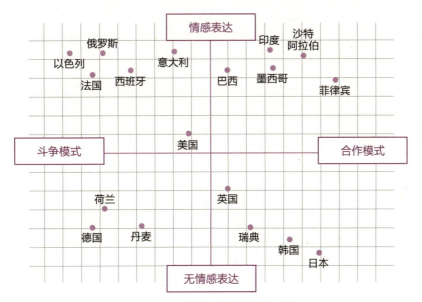

图3-1 一些国家的谈判模式分析图

但是，在说这个之前，我们要先确定合作模式和斗争模式的概念。

合作模式是愿意以合理的方式讨论各种方案，愿意做出有价值的让步并相互朝对方靠拢的谈判模式。也就是说，谈判双方不是单方面为自己谋取最大利益，而是为了使合作伙伴满意，力求共享利益，不从对方手中夺取战利品，不当面斗争，而是肩并肩解决共同的问题。

我曾经常与俄罗斯联邦连锁店和地方连锁店进行谈判，而这些谈判大多都是以斗争开始的，让价格更低是买家的主要需求。"我们只需要一个价格"这句话对我们来说已经很让人厌烦。一决胜负，不断地斗争。在进行了数千次此类谈判之后，我们学会了如何让对手放弃斗争而转入合作模式，并且我们没有共同承担折扣，而是决定在通货膨胀的情况下通过提高连锁店的指标从而提高我们的指标。这不是一件容易的事。我相信，当你读完本书的最后一页，即使在最艰难的谈判中，你也能够做到这一点。

在斗争模式中，谈判的一方从一开始就没有考虑过合作伙伴的利益。只要自己能不惜一切代价获胜，对手的输赢不重要。当谈判的主要目的不是获取利益，而是胜辩或证明自己是正确的时候，谈判通常会变成口头斗争。

　　这就是两种谈判模式的本质，理解和领悟它们非常重要。我并不是说哪种模式更差，哪种模式更好，实际上，这两种模式都有必要。有经验的谈判者应当能娴熟地交叉运用这两种模式。

　　对"怪物"来说，斗争模式是最主要的，这是由他自己的生活状态或者他目前对你而言的地位决定的，这种模式是他已经习惯的生活模式。关于这一点将在后面章节进行讨论。

　　大家研究谈判这个主题几十年了，市场上已经有许多关于这个主题的书。因为这个主题在俄罗斯非常受欢迎，所以现在出现了大量的培训课程，都是关于如何通过争辩、斗争然后战胜对方。在我看来，这给我们社会的整个谈判结构造成了非常负面的影响。几年来，我一直在钻研由弗拉基米尔·塔拉索夫和帕维尔·西沃热列佐夫共同研发的"管理斗争"技术，我们为此编写了参考手册。在某个时刻，人们意识到了这并不是谈判，而只是争辩，是口头对决。它的目的是视觉上的胜利，而不是获利以及进一步合作。裁判和观众的存在使参赛者忘记了目标，只是参与到了"一决高下"的战斗中。在我评判的300场争辩中，只有10场达成了协议。争辩的支持者别急着骂我，我只是分享自己的观点。争辩有争辩的优势，它提高了参赛者的信心，但是大家应当记住，我们的目的不是不惜一切代价取胜，也不是要在别人眼中看起来像个胜利者，我们的目的是在谈判中取得进展、获取利益。

　　虽然战斗看起来很壮观，但结果不是更强势的人取得胜利，就是两败俱伤。更强势的人通常被视为"怪物"，因为"怪物"

需要的更少，却在一个有更多优势的位置上。《孙子兵法》中有一句话："不战而屈人之兵，善之善者也。"因此，我们必须始终牢记，在21世纪，合作比斗争有效得多。是的，斗争模式的胜利者能获得利益，并且很多人都这么做。但是，大笔的金钱和长期合同的签订都是通过合作模式才能获得的。当你进行谈判的时候，请先考虑清楚要从哪个模式开始。

我曾遇到一个有趣的机会来测试这两种模式的作用。我拿着舒适舱的机票去符拉迪沃斯托克（海参崴）做培训。我决定进行一个实验。我拿着装有西装的行李袋上了飞机，我招呼乘务员过来并坚持要求把我的西装挂到存衣间里。当然，我被拒绝了。我知道会这样，因为只有商务舱的客人才能使用飞机上的存衣间。我并没有放弃，我一边提要求一边拿出我的金卡，坚持说我不是经济舱而是舒适舱的，但我再次被拒绝。我开始奋力斗争。我用了所有能用的方法。乘务员请了更年长的工作人员过来，而后者礼貌地拒绝了我，并将我的行李放在了顶架上。在回程时，我采用了合作策略，我上飞机后招呼乘务员过来，微笑着说道："我知道我无权使用存衣间，但是这样我明天将不得不穿着褶皱的西装演讲，我可以请求你把它挂在存衣间里吗？"我的西装就这样去了商务舱。顺便说一下，我在这里使用了很重要的方法，即"拔刺"。这一点我们将在后文中讲到。最有趣的是，在我写本书的过程中，我又去了一趟符拉迪沃斯托克做培训，结果没有舒适舱的机票了，商务舱的票也卖光了。我再一次用了这种方式，在承认自己没有权利且知道这不可能后，微笑地请求工作人员将我的西装挂在存衣间，答案几乎是一样的："当然不能，但是可以破例……"

谈到斗争模式，应当注意的是促使"怪物"频繁使用这个模式的原因。这些原因是在我的研究过程中基于200个游戏案例（模拟问题情景）得到的。如何进行研究？我将小组分成两个部分，两边给出相同情景，在这个情景中有两个角色——买家和卖家，并且买卖双方的初始地位是相同的，双方的利益也是相同的。在研究过程中，我随机给了（一些买家和一些卖家）一项特殊任务：尽可能不让步，坚持自己，挑事并压榨对方，即采用斗争模式，做一个"坦克"（关于这种行为，我在《克里姆林宫谈判法则》一书中有详细介绍）。一开始，这个场景并未要求斗争模式，而是以合理的方式进行谈判。那些没有接到特殊任务的小组，在5分钟之内以非常灵活的条件签订了合同。而那些其中一方接到了我的特殊任务的小组压榨对方，反复无常，1分钟就陷入了斗争模式。参与双方开始斗争，进入情感谈判中，最后什么都没有谈成。

如果谈判双方中的一方打算以合作模式谈判，而另一方从一开始就打算采取斗争模式，那么大部分谈判都将进入斗争模式。而在这种斗争模式中，正如我们所发现的那样，要么从一开始就是更强势的一方获胜，要么就是两败俱伤。

乔装成"绵羊"比乔装成"狼"易获胜

几年前，我有幸为一个大型采买机构进行培训。谈判培训的参与者是供应链领域的专业人士——经理和采购员，也就是工作内容和谈判直接相关的工作人员。这群人的年龄差距很大（大概从25岁到45岁）。

在和他们见面开始培训之前，他们的领导自然会提前告诉我一些情况，并且他非常坚持地说，他们机构的人在谈判时都非常强硬，这对他们来说是个问题。由于他们的采购员过分凶横的态度，许多供应商都停止履行契约。但是他说这些员工都是非常出色的。然后他对我说："伊戈尔，和他们工作你会非常困难。"然而，我除了不怕困难，还有采购专长（我在采购领域工作了很多年，我知道如何应对他们），我知道这是我需要尽力的关键所在。

的确，在培训开始时，大厅里人们就对我充满了怀疑，参与者都带着一副"我们什么都知道,你想教我们什么"的表情坐在那里。然而,这个故事不是关于我是如何使他们参与进来的,而是关于我从这次培训中得出的结论。

当时我发现了一个有趣的情形。在我们进行一个案例模拟时,我故意给一个最强硬的(大厅里的人一致认为)、最有能力的(领导认为)人一个最弱的角色。这是一个不怎么好的角色——一个需要从客户那里拿到最好的条件的承包商。案例并不复杂,对很多谈判者来说,许多从事这项工作的专业销售人员都能圆满解决。因此我(看似偶然)将这个所有人都认为是最严苛且最强的谈判者放在一个很弱的角色中。你们觉得会怎么样?这位学员被戴上的皇冠,不到2分钟就掉了。由于处于弱势,除了挑衅、威胁和恐吓,他什么方法也用不上,结果让整个大厅的人都感到不解。怎么会这样?他是最强硬最冷酷的,他取得过最好的成绩,甚至让供应商哭着从他那里走出去过,为什么会这样?发生了什么?为什么他连一句话都说不清楚?

这对我而言也是一个非常有趣的发现。我必须得出一个结论。因此我开始寻找这个问题的答案:发生了什么?这个年轻人怎么了?或许因为这是一个游戏场景,毕竟训练不是生活。但是,我开始回忆我的谈判并想起了一次类似的情况。在21世纪10年代末期,我们决定招募曾在规模大且受欢迎的伏特加品牌之一的公司从事销售工作的非常优秀的销售专家。这些专家非常傲慢地讲述了他们如何强硬地对待经销商和线上商家,甚至只需三言两语别人就会信服他们。我们成功地将他们招了进来并对他们充满希望。但两个月后,我们就对他们说再见了,因为他们实际上是非常弱的谈判者,在我们公司他们什么都卖不出去。我们的产品知名度没那么高,需求量也没那么大,手无寸铁的"绵羊"无法将产品卖出去。

因此,我并没有很快得出上述问题的答案。我不得不进行上百次的谈判研究(生活中和培训过程中)。以下是我的发现:如果我们把有能力的谈判者(此处有能力,是指拥有全套谈判方案,能够分析谈判结果,能够处于或强或弱的地位进行谈判的经验丰富的人)放在强势地位进行谈判,有能力的谈判者能快速获得的利益比我们故意把弱势谈判者放在强势地位谈判能获得的利益更少。

不可思议的结论!起初这令我感到非常气恼。可是,后来我从包括切斯特·李·卡拉斯在内的其他研究者中得到了证实,他们也持有同样的观点。他们在进行一项实验的过程中得到了相似结论:如果一个人(一个软弱的谈判者)被赋予了权力和力量,那么这个人就将只会对他的权力感兴趣,并开始陶醉其中。一个强大的谈判者总是会预判接下来的每一步:不仅要在此时此刻获利,不仅要做一个最强的"怪物"榨干自己的对手,还要保证每一步都能顺利执行。我们(人们)会凭直觉赋予这些谈判者(处在优势地位,把自己表现得极为严酷)以最强谈判者的光环,我们称之为"怪物",我已经多次听到这样的话:"他很棒,很有能力，行动力很强……"是的，但是他将来会取得什么样的成绩，这值得很多人深思。

我说一件亲眼所见的事。

几年前，一家大公司进行了设备供应和安装的招标。买家（后来证明）是一个软弱的谈判者，但是他很好地利用了自己的优势，从供应商那里获取了所有的利益，迫使对方开出了最好的条件。有一位供应商满足了他的所有要求，提了最少的条件和最短的期限，然后他们进入了工作流程。需要注意的是，这可是最大的合同，最终的客户是国家。

接下来发生了什么？当工作完成到总工作量的80%时，供应商发送了一封写得十分礼貌的信：

> 敬启者！我们无法以这些价格与您再进一步合作，因此我们建议您终止合同。我们将支付所有罚款，拆除我们的设备并与您解约。

我的第一反应是震惊！亲爱的读者，你现在大概也会有一些感想："他们要支付罚款！为什么会有这么愚蠢的行为？"或许这个行为很愚蠢，但他完全把整个故事颠倒了。请将你自己放在买家的位置上，甚至不是这个买家，而是一个采购部门的领导，面对这种情况的供应链服务的领导。合同摆在那里，你（负责人）不是直接的供应商。供应商要做的最多就是履行合同，向你们机构支付罚款并拆除设备。而你要如何履行合同？难道你要写信给你的客户说："我们不能保证合同的顺利执行。"不，那是不可能的。最终，在这个年轻人对供应商不断地折磨、叫骂、要求、指责和侮辱下，他们双方不得不坐在谈判桌上重审这份合同。请你想一想，在这时，我们曾赋予这类谈判者的传奇般的皇冠，他们是否真的拥有。

处于优势地位的人们为什么要把自己表现得如此冷酷？一切都很简单，答案在统计学中。统计学是一门非常有趣的学科。正如我父亲所说，统计学是能给出准确答案的学科之一。统计有两种类型，每个人都会努力地去看自己更喜欢、更能证明自己想法的那一种。

因此，我进行了一个非常有趣的实验。在我开展的培训中，有100人参加，我将他们分为两个小组（每组50人），再给每个小组一个相当简单的案例。案例是关于租房的，内容是房东与房客关于涨租金的谈话。房客不反对小幅度涨价，但房东想要大幅度涨租金。这是没有任何困难的普通日常谈判。况且从一开始我就给这个案例设定了他们可以达成协议的谈判结果，并且达成协议的空间足够大。

接下来发生的是：其中25对，我让他们在规定的时间内完成这个谈判，有2对没有达成协议。经统计证明，在不分类的情况（达成协议的情况）下，通常有18%～20%的参与者由于情绪敌对、状态不佳、时间不够或者其他原因导致无法达成协议。

另外25对，我给了他们同样的任务。只是我随机给了其中25位参与者（房东或房客都可以）特殊任务：不准向自己的对手表现出极其严厉和强硬的态度，不准扮演一个"怪物"。也就是说，他们要以优势状态做出许多行为以及极大限度地提高自己的地位（我们将在本书第二部分讨论如何应对这些手段）。在同一时间内，只有5对达成协议。处在优势地位的人常常表现得很强硬的原因这一刻就要出现了。这在于，所有这些谈判者中有5对已经完全按照强势方的条件达成了协议，即这些协议100%有效。在谈判中这些100%有效、按照把自己表现得冷酷强硬的强势一方的条件达成的协议，被称为强加"怪物"策略。但还有数据显示：其中20对（超过80%）没有达成协议，这意味着谈判陷入了僵局。正是在这种情况中，弱势谈判者只能看到一枚硬币的一面：他看到情况非常艰难，几乎一切都是按照对方的规则来达成协议。但是，他没有看到（他不感兴趣）硬币的另一面：80%的人不打算继续和他谈判，谈判将陷入僵局。这个统计数据更为重要。

!

因此，不要赋予从一开始就处在优势地位的人太多权力，也不要给他戴上沉重的皇冠。这个皇冠可能是不结实的。进行谈判，为谈判做准备时，你要明白"怪物"在你心中而不在你对面。

　　2006年，我的公司遇到了严重的问题，我们不得不迅速将业务从销售摩尔多瓦葡萄酒转向销售德国廉价葡萄酒。我们有一个拿到国际许可证的货运港，但满足不了我们的需要。因此，我们与立陶宛的爱德华达斯公司签订了运输合同，每月需要约30辆卡车承运，这并不少。付款条件如下：只要产品到达立陶宛的消费税仓库，税票粘贴完成后，我们就支付运费，然后货物将被运至俄罗斯。由于我们遇到了财务困难，5天后，有一批产品的运费无法全额支付，于是我亲自打电话给立陶宛东欧地区负责人提出了支付部分款项的请求，并得到了口头答复："好的，没问题，您把货从德国运来吧。"但是当卡车驶入立陶宛后，我们收到了严苛的最后通牒："只有您将余款付清，货物才能运走，否则每天加收150欧元滞纳金。"

　　刚开始那几秒，我感到震惊、不满和愤怒。而我的对手非常坚持，他只是在折磨我……我问："怎么回事？我们不是说好的吗？"我得到的回答是："你没有其他选择，快想办法弄到钱吧。"顺便说一下，他对我的称呼突然从"您"切换成了"你"。我们筹到钱了，但这不是件容易的事。虽然爱德华达斯公司后来多次尝试想和我们继续合作，但我们不会再和这家公司继续合作了。值得注意的是，一年后这位负责人离开了爱德华达斯公司，他们的新负责人重新找到我们进行谈判，并为前任负责人在过去谈判中的行为道歉。

妖魔化

> 我们不要因为害怕而谈判，但是我们绝不要害怕谈判。
>
> ——约翰·肯尼迪

当我们谈论"怪物"、弱者以及和"怪物"谈判时，我们必须要解决三个问题：

问题一：这些"怪物"是如何产生的？在哪里产生的？

问题二：他们存在于何处？

问题三：如何对待他们，并且战胜他们？

本章主要讨论前两个问题：他们在哪里产生（来源）以及他们存在于何处。

2006年3月26日，俄罗斯发生了一件非常有趣的事。俄罗斯联邦政府通过俄罗斯联邦消费者权益保护和公益监督局局长发布了一道禁止供应和销售摩尔多瓦和格鲁吉亚葡萄酒的指令。当时我们公司正是从事俄联邦地区的葡萄酒和白兰地的供应与销售业务的公司。公司每年大约有1200万瓶来自摩尔多瓦的葡萄酒，约占公司每年葡萄酒进口总量的90%。

这道指令导致了什么样的结果？巨大的损失。生意被打入地狱。这将导致公司无法偿还贷款、资金被冻结、巨额损失以及一系列诉讼案件发生。因为我既是总经理也是负责人，毫无疑问，我受到了沉重的打击。当然，要用一个词来形容我的状态是不可能的。这真让人窒息，我以前从来没有遇到过这样的情况。如果说在这之前我们遇到的商务危机都是暂时的并且能解决的，那么当时就真的是绝境。在这种情况下，我意识到对我而言最大的"怪物"是时任俄罗斯联邦消费者权益保护和公益监督局的局长根纳季·奥尼先科——指令的发起者，虽然我们没有任何接触。

关于"怪物"的产生，我要告诉你们一个非常重要的秘密："怪物"产生于我们的脑海，产生于一个妖魔化的过程。一个可能没有出色的谈判能力的普通人（如我在上一章中所述），也许我们并不代表任何突出的价值，但我们的大脑、我们的想象力将专横的人、恶魔和怪物赋予了许多功能。因此，这个妖魔化的过程在我们的脑子里进行得非常强硬。让我无法想象的是,我的大脑不能以任何方式接受根纳季·奥尼先科。仅仅是想到他或在电视上看到他,都会让我(不仅是我)发抖。和我们有来往的大多数领导(90%以上的人),从事酒品供应和销售的企业领导者都给这个人扣上了专横的帽子。在这种情况下,我们要么"折磨"他,要么远离他,但是我们首先应该对他做点什么。于是有趣的时刻开始了,一切都准备妥当了。禁令颁布半年后,我们的主要合作伙伴之一就向我提出了一个非常有价值的建议:成为非营利机构之一——酒品市场参与者协会的副主席。该组织的主要职能是与俄罗斯联邦消费者权益保护和公益监督局进行谈判。由于我们协会的时任主席瓦列里·卡图科夫是公众人物,会引起别人的注意,因此首席谈判者的职责就托付给我了。我将代表协会与根纳季·奥尼先科先生进行谈判,以求恢复摩尔多瓦葡萄酒的供应。

当然,我的第一个回答是:"不,绝对不行。"我不会和这个人坐在同一张桌子上,因为这个人毁了我的事业。这就是我内心的"怪物",我赋予了这个人魔鬼的形象。当时摆在我面前的主要问题是:我是否要去与他进行谈判。正在这个时候,当我意识到"怪物"是从我的脑海里产生的,并且它战胜了我的理智时,我突然冒出一个想法:只有停止自己在脑海里给别人贴标签和妖魔化别人,我才能解决问题,将问题从死角移出来。虽然我还不知道如何解决现状,不知道接下来会发生什么,但我还是接下了这个任务。我必须去进行我人生中更有趣的谈判——这些谈判在我的脑海中，并且这些谈判使我心里的"怪物"安静了下来。

此后，我曾多次与根纳季·奥尼先科会面。我们在俄罗斯联邦消费者权益保护和公益监督局的咨询委员会上见过不止一次。我和他的工作人员见了几次，每当我进办公室时，我内心的声音就会开始对我大喊大叫："这是'怪物'！你不能和这样的人讲话！"我必须让我自己心里的声音安静下来，我对它说："停下来！"只有这样，我才能像正常人一样进办公室和他们交谈。

这个例子表明，我成功地找到了"怪物"是如何产生的，"怪物"又存在于何处。它在我的大脑里产生并存在于我的脑海中。请想一想，你兴奋的大脑产生了多少"怪物"？你周围有多少人和事让你产生了这种妖魔化过程？

我见到过太多带着类似的问题找到我的人：我无法和我的姐妹分遗产，她是一个"怪物"，她不愿意听我说话，她总是激怒我……甚至还经常有一些不堪入耳的难听话。

!

　　请记住，当我们以一种消极的形式给一个人贴上标签时，我们正在与这样的人进行谈判。当我们说"这是'怪物'"的时候，我们在与"怪物"进行谈判；当我们说"这是'山羊'"（读者们请原谅我）时，我们正在与有角的生物进行谈判。

　　谈判的主要任务发生在我们头脑中，而不是在谈判桌上。因此，为了进入下一章去了解究竟如何对待"怪物"，如何战胜他们，如何迫使这些谈判向前推进，你需要自己先认清你面前的不是"怪物"，而是和我们一样的人类。不要赋予这个人魔鬼般的力量。"怪物"经常采用尼科洛·马基雅维利的建议，"爱戴国王和害怕国王哪一个更好？据说最好是同时又爱又怕，但是喜爱和恐惧不能和平共处。因此，如果一定要选的话，选择害怕国王更可靠"，即引发弱者对自己的恐惧。我们的任务就是学会去战胜我们自己创造的"怪物"。

第二部分

拉西奥先生
和他神奇的问题

拉西奥先生是谁

为了决定是否与"怪物"进行谈判，你需要给自己设定一位客人的角色（现在我们就这样做），这个角色名叫拉西奥先生。

拉西奥先生是一个综合形象，会帮助我们做出合理的决定。这是因为谈判者的主要问题是在"怪物"面前表现得过于负面以及过于恐惧（正如我们从上文有关妖魔化的内容中所看到的那样），这会促使我们进入一种情绪：要么用匕首刺向他，然后大喊："冲！我们会获胜的！"要么相反地，逃离战场。

与"怪物"的谈判具有三个特点：

1. 一方或双方出价高。

2. 双方地位差距悬殊。

3. 谈判带有情感色彩。

而且，由于情绪，这种谈判通常两败俱伤，两边实际上都是弱者。让我们回到我与根纳季·奥尼先科的例子中，我只是因愤怒和仇恨而发抖，我能说出什么解决办法？高尔察克在对手中看到了魔鬼的影子，他甚至无法理性思考。

在致电拉西奥先生寻求帮助之前，我们需要先弄清楚什么是情绪化决定，什么是理性决定。下面讲一个关于情绪化决定的案例。一家大型信息技术公司的领导因一名重要员工发言不当，火速决定将其辞退。之后的两个月中，尽管很多人都劝领导重新考虑这个决定，但他只是暴怒并挥动拳头。而由这名员工领导的项目完全失败了，公司因此蒙受了巨大的财务损失和声誉损失。仅仅过了一年，他过激的情绪平复了，在一次私下谈话中，他承认当时急躁了。他对自己做出的决定感到后悔。

另一个案例是关于理性决定的。你完全可以将其作为正面案例来参考。我们在莫斯科经营公司那段时间，必须聘用一个在销售方面有着丰富经验且有自己的忠实客户群的优秀销售人员。后来，我们聘用到一位30多岁的女士，但她很快就意识到自己在公司中的重要性，于是她傲慢得像沙皇似的。对我们而言，她是一个真正的"怪物"：销售"怪物"、交流中的"怪物"。尽管我的老搭档坚决反对，但作为总经理的我，还是决定解雇她。解雇她后我遇到了可预见的问题——销量下降。但我有一个清晰的、经过深思熟虑的计划，在两个月的时间里，我亲自走访了她所有的客户，并与这些客户建立了联系。当然，我没有将客户全部留住，她走之后销量下滑了30%，但是下滑一段时间之后，又过了十个月，销量上升了120%。

　　情绪化决定出于软弱，理性决定源于能力。

　　拉西奥先生是能帮助我们解决以下两个问题的角色。

　　第一个问题：是时候开始谈判了吗？或者干脆直接放弃这个谈判？

　　第二个问题：哪里能找到力量，如何巩固自己的地位，以便与"怪物"进行对等的谈判，并且将这场谈判继续下去？

　　拉西奥先生能帮我们冷却"发热的"脑袋。

　　因此，让我们来认识一下，究竟谁是拉西奥先生？你可能看过美国的经典电影《星际迷航》——二十世纪七八十年代的时候非常受欢迎，现在它已经推出了一个系列的影片。影片里面有一个角色叫斯波克，他是一个要压制情绪的半人类半瓦肯人。斯波克帮助舰长和舰员们权衡利弊，做出绝对理性的决定。当然，他并不总是对的，我们知道理性的部分并不总是能取胜的，但是斯波克为做出周全的决定提供了很大的帮助。如果我们注意一下俄罗斯的民间传说，这个角色可能就是智者瓦西里萨，她以强有力的理性建议帮助情感丰富的人，让他们带着实现目标的信念向前迈进。

　　拉西奥先生这个角色，可以存在于我们的心中，也可以通过外部条件创造。他的主要任务就是（在你与"怪物"进行谈判之前）让你最大限度地评估自己在谈判中取胜的机会，从不同的角度审时度势并决定是否进行谈判。为了完成这项任务，拉西奥先生将在谈判过程中向我们提出七个关键问题（后文再讨论这些问题）。

　　为了召唤出内心的拉西奥先生并学会如何利用他，我们来分析这位理性朋友在谈判中能帮到你的场景。

　　一家小型广告代理商"广告+"公司（一共三个人，一家没有强大财务能力的创业公司）决定在高度专业化的地方租赁广告平台，已经与广告平台持有人达成初步协议并在费用支付的时间上得到了一些宽限。

　　"广告+"公司已经开发出了一种特定形式的广告，可以最大限度地利用这些平台吸引大批顾客。"广告+"公司与小广告客户进行了一系列的谈判，客户们都对这一平台表现出了极大的兴趣。但是所有这些广告客户都不是大客户，租赁需求时间都不长（半年到一年），而广告代理商想签订长期合同。一个偶然的机会，该代理商联系到了一家大型电信公司——俄罗斯铁通。在成功地进行了谈判之后，俄罗斯铁通表示了初步的同意。

　　俄罗斯铁通公司的市场部注意到工作规划中还有一件小事——进行招标，因为这是内部流程所必需的。"广告+"公司认为招标只是走个形式，他们知道，另一家参加竞标的公司是俄罗斯铁通公司很早以前的承包商——广告的基础服务公司"老朋友"公司。由于专业化广告不是"老朋友"这家公司的主要业务，因此这是"广告+"公司的优势。一切进展顺利，广告平台持有人得到承诺，在不久的将来（一个月内）就会签署基础合同并提交预付款。但随后，一个传言传到了"广告+"公司领导的耳朵里：在得知合同总金额和专业化广告的前景后，"老朋友"公司决定要单独和广告平台持有人签署合同并独立投放广告。换句话说，他们要完全合乎标准地来参加竞标。这时"广告+"公司遇到了极大的困难：他们确实面对着一个"怪物"。他们开始了妖魔化过程，不仅将自己最终的客户妖魔化，还将真正抢走他们业务的竞争对手妖魔化。这件事变成了一个惨剧，因为已经投入了很多的时间和金钱，已经给广告平台持有人付了一部分定金以便保留广告位，情况变得白热化。最糟糕的是，"广告+"公司已经拒绝了所有小客户。这该怎么办？

　　此时，必须召唤出拉西奥先生。我们与拉西奥先生"会面"后，他肯定会向我们提出七个关键问题，我们需要逐步找出这些问题的答案。

1．谁的地位更高，是你还是"怪物"？

2．你真正想要的是什么？

3．你有哪两个选择？

4."怪物"有哪两个选择?

5.你是否有足够的力量、手段和资源来进行谈判?

6.你的底线是什么?

7."怪物"的底线是什么?

依次回答了这7个问题之后,我们将找到先前提出的问题的答案。

第一个问题: 是时候开始谈判了吗?还是干脆直接放弃这个谈判?

第二个问题: 从哪里能找到力量?如何巩固自己的地位,以便与"怪物"进行对等的谈判,并在这些谈判中继续前进?

顺便说一句,向不是特别清楚你的情况、对你参与的谈判完全不感兴趣且立场中立的熟人寻求帮助是非常有用的。我有时候不得不成为这样的拉西奥,就像我享用我的熟人和朋友们的服务一样。有一种情况我想告诉你们。

几年前,我的一个朋友瓦迪姆给我打来电话,之前他曾在一个论坛上看过我的演讲,他曾是一家大公司的高级经理。他惊恐地给我打电话说道:"伊戈尔,我非常需要帮助!"当然,我和他见面了。他和大多数的人一样,开始向我描述情况。他所描述的内容中只有一点是清楚的：他的对手是个"怪物"。这是一个绝境，我看不到任何出路！到底发生了什么呢？瓦迪姆从他的老板那里获得了一笔贷款用于购买房屋，他开心地付了款。公寓在莫斯科，性价比非常高。他每年的收入是支付贷款的主要资金来源。但是这一刻到来了，当两个领导挤在一家公司时，公司持有人开始把我的朋友往外推，同时用各种手段来威胁他。我的朋友清楚地知道离开后该去哪里、做什么，他已经做好了计划。但是公司持有人表现得很没有底线，让人想起电影《割草叔叔》中的人物。瓦迪姆当然应该离开。我很高兴能担任拉西奥先生这个角色，帮助我的朋友达成了他的目的。关于我是如何帮助他的，之后再讲。只是提前说一下，故事圆满结束了，他现在是一个富裕的商人。

　　在接下来的一章中，我们将分析拉西奥先生提出的七个问题，并且我们还将看到提高自己地位的有效方法。

谁更强

拉西奥先生提出的第一个问题是：谁的地位更高，是你还是"怪物"？

不久前，最大的连锁超市找到了我兼任创始人和培训师的"谈判学院"。咨询如下："我们正在考虑为我们的员工组织培训。如果你感兴趣，请将你的提案发给我们。"当然，对于这样的询问，我们的销售经理不会无动于衷，他们充满了兴奋和喜悦。这不仅是因为最大的连锁超市找到我们，而且我们可以给他们提供一系列的技能课。该项目本身对我们来说非常有趣，能让我们享有盛誉以及满足我们的雄心，更何况还有望获得丰厚的报酬。我们开始积极地工作：我们收集了一堆资料，做了上百个调查和接收回信。直到某一刻，我突然意识到，我们做了太多多余的事而不再关注我们的长期顾客，我们完全沉迷于这唯一的项目。我问我的员工们："发生了什么？为什么会这样？"他们异口同声："伊戈尔，你要知道，是谁找上了我们。"

　　我将会不止一次重提这个故事，但是现在（在这个例子中）我想请你注意，通常谈判的时候，我们在对待自己与对待对手上略有不同。我们通常根据一些主观结论来决定谈判中谁强谁弱。让我们来思考一下，这些主观结论的依据是什么。毫无疑问，是公司的规模和品牌，以及谈判者的职位、年龄和性别。此外，同样重要的是谈判的地点以及谁付钱、谁是买家、谁是供应商、货物的紧缺度等方面。总之，会涉及相当多的主观因素。但是，通常在谈判的准备阶段，尤其是和"怪物"的谈判，一个人只能将注意力集中于最多两个参数，通常只能集中于一个参数，并且已经在此基础上得出了自己的地位太弱的结论。和这个连锁超市相比，我们公司究竟处于什么地位？没错，这确实是一个客观因素，但我们公司对于这个连锁超市而言是微不足道的。如果比较一下资金的年周转率、员工人数和公司的品牌价值，我们公司就像一粒沙。但是这一切真的有那么糟吗？"怪物"坐在我面前或者不在我面前时，我发现谈判流程有一个不同的地方，就是"压力测量"。

　　压力是针对谈判过程的术语，它是指谈判中迫使我方和对方坐下来谈判的压力。事实上，通过比较压力指数的大小，可以确定在谈判中谁的地位更强、谁的地位更弱。只有通过测量压力，你才能真正明白：在你面前的是不是一个"怪物"，或者谈判中有没有他想要的利益。

　　另外，通过测量压力，你可以知道对手的"开关"在哪里，以及你可以施加压力的点在哪里，从而找到对手在谈判中要获取的利益是什么。确实，正如我们前面所注意到的，如果你的对手在谈判中没有感受到压力（也就是说没有一个推动他坐上谈判桌的动力），那么他将不会与你进行谈判，而如果他与你进行谈判了，那么他只会提出自己的条件，并不会听取你提出的任何条件。

　　正是有了压力测量，我开始与瓦迪姆对话。作为拉西奥先生，我问了瓦迪姆两个问题，对话如下：

　　——瓦迪姆，请告诉我，你为什么不同意？

　　——伊戈尔，这简直是一个灾难，我和我的家人会被扔到街上。而且他还会……我甚至不想提起这一点。

　　——那对他会有什么不利吗？

　　——当然不会！他把我踩死了都不会察觉！

　　老实说，"弱者"一开始确实是这样回答的，但是拉西奥先生不会松懈，他会一直这么问，迫使他需要保护的人不得不利用这些小事来找寻答案。

——瓦迪姆，最坏的情况究竟是什么？

——被迫搬家。

——还有什么？

——只能搬去租房。

——也就是说你将回到两年前的情况？

——……

——你两年前是租房的吧？

——是的。

——过得怎么样？

——总之，过得还行吧。

——那他呢？

——他什么都没有！

——再想想呢？

——好吧，他绝对不需要丑闻，工人们对我很忠诚。

——瓦迪姆，不要高估自己，实际上会怎么样？

——好吧，或许他会失去一部分团队，但不会致命。

我的主人公瓦迪姆将"绝境"变成了"困难"。当然，情况并非总是如此，但是，了解我们的真实处境能让我们有足够宽阔的视野，这样有助于我们做出正确的决定。

顺便说一下，如果一项决定不会导致更多负面结果，则可以认为该决定是正确的。

如果我们没有达成协议，会给我们造成什么样的影响？我意识到我的团队开始过度妖魔化客户时，我向他们提出了这个问题。

回答这个问题需要我们非常真诚。我们可以在一张纸上简单地写下在我们不能做出一个决定的情况下，会产生的那些负面影响（见表7-1）。

表7-1　未达成协议的负面影响清单

我正在承受的压力（如果我们没有达成协议，会对我们造成什么样的负面影响？）	对手承受的压力（如果我们没有达成协议，会给对手造成什么负面影响？）

因此，我（作为拉西奥先生）找到我的员工，我问了他们这样一个问题："伙计们，如果我们没有得到这份合同会怎么样？"第一个回答和前面的例子一样，试图将问题妖魔化："这糟透了！会被其他人得到的。"我对此发表了重要看法："好吧，这对他们来说是件好事，那对我们而言会怎么样呢？"在我们正准备和"怪物"谈判的情况下，第一个回答是："啊！这将是一场灾

难。"因此，为了获得最有价值的答案，这个问题需要再三提出。当我第二次问我的员工"对我们而言有什么不利"时，有一位员工回答说："说实在的，其实什么影响都没有。"我来解释为什么会没有影响。因为我的工作表里的培训订单已经排到了明年年底。因此我们完全明白，这个谈判结果并不会给我们带来任何非常负面的影响。是的，如果最后我们没有得到这个客户，我们的简介中只是缺了这样一个在我们这里学习过的客户，但是这并不会给我们带来任何负面影响。

我（提醒一下，我在这些谈判中扮演拉西奥先生的角色）问了第二个关键问题："这会对我们的对手产生什么负面影响？"在这种情况下，准备与"怪物"进行谈判的人们的回答通常是"没什么影响"。但是，在此我们需要用最谨慎的方式来思考，或许从另一个方面来说会有什么不太好的影响。事实上，我知道这种情况对我的对手而言也没有什么特别不利的影响，因为不论我获得过什么样的奖，无论我掌握多少有用的方法，在这个竞争市场中，我的对手总能找到能为他们进行高质量培训的人。

这两个问题有助于了解谈判中双方的真实地位（能力）。谈判双方的地位分为三种状态：

> 1. 我方的地位较低。
> 2. 我方和对手是平等的。
> 3. 我方的地位较高。

以瓦迪姆的情况来看，坦白地说，他是处于劣势的，在进行谈判之前他需要提高自己的地位。

在第二个例子中，我们公司和那个连锁超市在谈判中的地位是大致相等的，对我方和对手都不会造成什么负面影响。地位的高低与压力测量直接相关。如果我方感受到更多的压力，说明我方的地位比较低；如果压力相同，那么我方和对手就是平等的；如果我方没感觉到压力，而对手有压力，那么我方的地位就会比较高。如果将这三种状态用到我方公司的案例中来，我发现我方与对手是平等的。压力决定了对手的动力。那么是什么在驱动我们，又是什么在驱动他们？

我们的动机是什么？人吗？不，是动机本身。

一个肥胖的罪犯被判处死刑，将通过电椅执行。罪犯们被聚集在一起执行死刑，但这个死刑犯无法坐上这把椅子。法官将死刑推迟了一个月并限制了他的饮食。一个月后，这个犯人还是坐不上去。法官再次限制了他的饮食，死刑又延迟了一个月再执行。一个月过去了，他们带来了罪犯，可这个罪犯依然坐不上去。法官说："只准他吃面包和喝水！"一个月后，情况还是一样。"怎么会这样呢！"法官惊呼。罪犯诚恳地说道："那根本不是目的啊。"

　　许多谈判者只用正面的驱动力来驱动对手，说："如果您接受我的报价就能得到它。""您能赚到。""您可以改善……""您教会……""您会明白……"是的，这是有效的，但不总是有效。这种驱动力被称为"冠军驱动力"。但是，还存在另一种驱动力。我之前提到我练习过铁人三项，并参加了比赛。我第一次准备参加比赛时，训练量很大。当时，索契来了许多国际铁人三项竞赛的参赛者。我们正在为比赛做准备，调整状态，所有人都蓄势待发。大部分人的动力自然是夺冠：虽然不是每个人都能登上领奖台，但是终点的奖牌、放在社交网站上的夺冠照片以及提高个人指标等动力，都强烈地激励着大家。

　　我也不例外。比赛开始了，大家一股脑儿地往前冲，大约300米后，我喘不过气来了。我知道我不能再游了，我停了下来，打算放弃，举起手向志愿者示意退出比赛，"我要这些纪录干什么？我不是运动员，也不是体育工作者。就是这样，停下来！"但这时我又想起了我16岁的儿子，他陪我一起来的，他在岸边等我，他相信我能完成比赛。于是我继续游，并完成了比赛。他就是我的动力，更准确地说，他是我的第二种驱动力，是非常强大的驱动力——羞耻。更正确的说法应该是落后。正是因为落后，因为负面的结果，才能激发人们更快达到预定目标，获得奖牌。因此，我们不仅要考虑对手得到的利益，还要考虑如果他不按照我们预设的路线走，会出现什么负面影响。

　　此时我郑重向你发出警告：不要急着敲诈对手和威胁对手。

不要，不要，不要！首先，理解很重要，这能帮助你切实评估情况并弄清对手的驱动力。

这样一来，朋友们，你们清楚地知道你们和对手承受着大致相同的压力，谈判将完全处于另一个基调之下。让我们再看看我那些遇到"怪物"客户的员工，测量压力后，他们开始用完全不同的眼光来看待这个状况了。他们仍然想得到这份合同，但是他们已经不再像以前那样需要它。他们意识到自己在这场谈判中与对方有着平等的地位，他们停止了那些不必要的工作，开始进行常规工作。最终，我们得到了这份合同。

让我们暂时回到我们之前提到的案例（俄罗斯铁通公司和"广告+"两家公司之间的谈判），拉西奥先生会帮助我们解决这个问题。让我们坐到谈判桌前，请出拉西奥先生，让他向"广告+"公司的领导提问："如果你不能和俄罗斯铁通公司达成协议，对你有什么影响？"

我建议你加入这个谈话，拿起笔填写表7-2。

表7-2　与"广告+"公司未达成协议负面影响清单

如果不能达成协议， 我们所受到的负面影响	如果不能达成协议， 对手所承受的负面影响

　　让我们来核对一下结果。你的第一个答案一定是："是的，当然，这是一场灾难。会损失金钱。"毫无疑问，是这样的，在这个案例中，"广告+"公司损失了金钱和时间，可能还会有更加严重的后果，甚至公司倒闭。但主要的亏损当然是失去的资源（失去的时间和金钱）。除此之外，"广告+"公司的广告平台租赁合同可能被截且这块业务（专业广告）将丢失。

　　现在让我们将注意力转向俄罗斯铁通公司，并考虑不能达成协议给其造成的影响。假设俄罗斯铁通公司不能和"广告+"公司达成协议，"广告+"公司失去了这份合同，但在此之前，"广告+"公司毕竟设法与其他广告客户签订了合同并拿到了这些广告平台。那么，不能达成协议给俄罗斯铁通公司造成的不利影响是什么呢？

　　首先，很显然，俄罗斯铁通公司不得不再去寻找合适的方案并高价购买下来，这无疑需要大笔费用（当然，有钱他们就可以出价更高）。其次，一般来说，随之而来的是拒绝投放广告。最后，如果"广告+"公司退出（在此阶段双方无法达成协议），俄罗斯铁通将不得不自己出价，自己竞争，这肯定会耽误招标程序，最终在交易失败时可能使项目进展陷入僵局。

　　除此之外，我们还清楚地知道，"广告+"公司相对于对手地位更低。但是低很多吗？这个问题存有争议。当然，"广告+"公司承受着相对更大的压力（即财务压力），但是俄罗斯铁通公司也承受着一定的压力。而这就意味着有一些动力仍然可用。俄罗斯铁通公司需要这个广告，并且对此感兴趣。为难"广告+"公司，俄罗斯铁通公司除了会蒙受巨大的财务损失，还会给自己造成一系列后果（虽然不严重，但会有），或者根本不会得到这个广告。

因此，除了审视局势，弄清楚谈判双方的地位，我们还遇到了另一个非常棘手的事情，即对事件真实情况的分析和理解。我们可以根据这个来决定将我们的力量用在哪里。那么，我们需要用什么来提高自己的地位呢？我们需要资金。在此我们了解到，广告代理商面临的最大麻烦是亏钱，从而失去生意。当然，这就是"广告+"公司作为广告代理商加入谈判的主要动力。

尊敬的读者，你们得出了怎样的结论并不重要。你可能意识到自己的地位低，或者没那么低，从谈判中还可以找到出路；可能你知道你的地位比对手的地位更高。最主要的是，你要对正在发生的事情有足够的了解，并了解是什么在真正推动你和你的对手前进。只要掌握整体的情况，你就有机会知道谈判的时机。如果你和对手的地位大致对等，你和对手承受了一样多的压力，那么你可以大胆地继续前进；如果你的地位更低，那么谈判的时机的确还没有到来，你需要停下来思考你要靠什么提高自己的地位或者降低对手的地位。在任何情况下，拉西奥先生都能帮助你。

利益

　　不久前，我有机会与一个非常有趣的人交流了一次，他是一家大型工厂供应部门的负责人。他告诉了我下面这个故事：除了影响生产力的其他设备，他所在的公司还有四架在用的飞机。飞机型号分别是雅克–42和雅克–40，这是已经相当成熟的民用客机。和所有设备一样，它们需要不断地保养和维修。到了例行维修的时候，公司指派采购员找到可以维修发动机的工厂来维修飞机，以便继续使用。由于飞机已经投入使用很长时间，一些部件已经停产，因此只找到一家用于发动机控制的电源装置的制造商。在谈判中，该制造商的销售部门给电源装置报价25万欧元，生产期限为10个月。当然，工厂的采购团队对此并不满意，于是，他们开始寻找新的制造商。

　　在这种情况下，制造商正好处于"怪物"的位置。首先，25

万欧元对制造商来说并不值得下订单。其次，这家制造商本来就已经有很多政府订单了（而且不止政府订单）。因此，他们不仅不想为了促成这个订单而耗费任何精力，甚至不想进行谈判。这家工厂的采购员们都是经验丰富的人（采购部负责人经验尤为丰富），他们开始思考这个问题。在这里，他们需要回答我们前面提到的第一个问题，即有关压力的问题：是什么在驱动制造商？答案是：无。在这种情况下，即使双方没有达成协议也不会给制造商带来任何不利影响。那么对用飞机的工厂而言呢？在没有达成协议的情况下，它将面临很多不利后果。工厂的采购员们知道自己在谈判中的地位极其低，并且无法提高。无论他们试图找到什么样的解决办法，全都归结为一件事：对方已经有很多政府订单了，不在乎这个订单，因此没有谈判的余地。

然后他们只能继续思考第二个问题：我们真正想要的是什么？对此采购员们没能立即找到答案。为什么会这样呢？制造商的销售人员直截了当地问："你们的真正目的是什么？你们希望通过这些谈判获得什么？"他们回答："我们希望你们尽快制造必要的零件。"此类回答有个最大的错误（世界各地许多谈判者的麻烦）：人们将两个概念混淆了，即利益和立场。

一个骑士在沙漠里走了很久，一路上他失去了马匹、头盔和铠甲，只剩下了剑。骑士又饿又渴。突然，他看见远处有一个湖。骑士用他剩下的所有力气朝着湖走去，发现有一条三头龙坐在湖边。骑士拔出剑，拼尽全力跟这条三头龙作战。在前两天的战斗中，他砍掉了龙的两个头。第三天，三头龙无力地倒下了，筋疲力尽的骑士倒在三头龙的旁边，他已经没有多余的力气站起来，也没有力气握住剑。

　　这时，三头龙用尽最后一丝力气问他："骑士，你想要什么？"骑士回答："我要喝水。"

　　"好吧，你本来就可以喝。"三头龙说。

"尽快获得需要的零件"，这句话体现了这家大型工厂在谈判中所处的立场。这家工厂从这份合同中能得到什么好处？工厂采购团队在考虑了真正的利益之后，才终于意识到，整个谈判的真正目的是让飞机一直飞行。如果再想得深一点，就是为了这家公司的领导和持有人可以随时飞往世界上的任何地方。不得不承认，这已经是另一个问题了，不同的问题要用完全不同的方式解决。最后，这家大型工厂与制造商签订了合同并租了一块备用电板。

　　在准备谈判时，请想办法把自己的利益和自己在谈判中所处的立场分开。参加过我的培训的人（对于没有参加过培训的人会有一个有趣的提示）都知道，在"艰难的谈判"开始时，为了完成谈判任务，我总是会讲一个简单的童话故事——《拔萝卜》，

并提议玩这个游戏。所有人都记得这个故事的结局：主人公们拔
出了萝卜。让我们想象一下：故事的主人公们拔出了萝卜，但是
他们没有就这个萝卜达成下一步的协议。分裂就此开始了：人们
和动物都开始觊觎自己的那份萝卜，因为他们都参与了拔萝卜。
让我们把自己想象成祖父的角色，拥有力量并且知道如何使大家
相信他的决定是正确的。他会对其他人说什么？我总是向培训参
与者提出这个问题。很多人把手举了起来，并且每次我都会听到
相同的答案。

> "我是家里最重要的人，我想得到整个萝卜！"
>
> "我是家里最重要的，给我整个萝卜！"
>
> 非常好！这是你的位置，祖父。
>
> 我像对祖父提问那样问这个人："这是你的位置。你想
> 要什么？你为什么参加这些谈判？你想带走什么？"
>
> 这个人回答："好吧，我需要萝卜。"
>
> 我接着问："你为什么需要萝卜？"
>
> 这个人回答："因为我想吃饱。"

这完全是另一个谈判了。

我们或许没必要与"怪物"进行谈判；或许可以绕开谈判；
或许确实应该放弃谈判过程，也或许不该放弃。

因此，我得出一个重要的结论：在进入任何谈判之前，你需要明白并清楚地回答以下问题：你为什么要开始谈判？你最终想要得到什么？你要获取的真正利益是什么？

　　在准备谈判的过程中，将"利益"和"立场"的概念区分开很重要。利益是我们在谈判最后想要得到的东西，我们在谈判过程中最终留下的是"愿望清单"，是"我为什么要去谈判"这个问题的答案。

　　我不得不多次向瓦迪姆提这个问题：

　　——瓦迪姆，你最后想要的是什么？

　　——我想和老板分道扬镳，不让他打扰我和我的家人。

　　——那你想要什么？

　　——安定的生活。

　　——请说得更准确一点。

　　——保留公寓，分期付款。

　　——瞧，这才是你的真正目的，其余的都是立场。

拉西奥先生有时候不得不用刨根问底的方式来折磨人。

最近，明斯克老家的一个朋友给我打电话。

　　——你好，伊戈尔，我知道你做过很多培训，我想问你，如何能与马格尼特公司①签约。

　　——科斯佳，你为什么需要这份合同？

　　——你说什么？！我想在这家公司的网站上展示我的产品。

　　——那你为什么要这样做？

　　——我没明白。

　　——你为什么要在那里展示你的产品？

　　——好奇怪的问题，为了挣钱。

　　我不得不向我的老朋友解释，有时候把产品放到马格尼特公司的网站上和赚钱是完全相反的两个点。

　　让我们回到案例中，一起分析案例中的这家小公司。"在这些谈判中你能获得的利益是什么？"拉西奥先生问。第一个回答（如果考虑一下）通常是："当然是赢得招标。"大多数人都会给出这个答案，这正好也是一个重点。"赢得招标"——我们不能绝对把控这件事，因为这里面有一系列变数和很多未知，这对我

———————

① 马格尼特公司（Magnit），俄罗斯的一家大型食品零售商。——译者注

们来说是个大问题。这是谈判立场。

让我们来为下一个问题伤脑筋："你真正想要的是什么？你为什么要开始这次谈判？"答案看似浮在水面，实际上它要深得多。"我们想赚钱！"也就是说，这家公司起初进行谈判是为了增加收入，是为了赚钱。这时候许多人会说："好吧，显然这很庸俗。"这就是"庸俗"。而正是不愿承认这种"庸俗"，导致了不利的结果，因为"赚钱"和"赢得招标"是两件不同的事。

我们没有得出任何结论，我们也没有力求摆脱谈判。我们明白所有这些问题的答案将有助于我们决定在哪里、和谁、如何进行接下来的谈判。

总之，拉西奥先生帮助我们了解了我们在谈判过程中真正要获取的利益。现在让我们来试着加一点难度，深入研究它，不要只是问"我们可以获得哪些利益"，还要问"我们的对手为什么要进行这个谈判"。

问问自己："为什么俄罗斯铁通公司这家大公司（我们的对手）要谈判？他们最后的目的是什么？他们想要获得哪些利益？"他们的立场是尽可能便宜地拿下广告栏或广告活动。那他们在谈判中要获得的利益是什么呢？我认为如果拉西奥先生用这个问题来"折磨"我们，我们最终会找到答案。俄罗斯铁通公司想要获得的利益是顺利地开展广告活动，这是他们参与这个谈判（他们为什么发起谈判）的原因，也是俄罗斯铁通公司与其立场有所不同的主要目的。为什么我们需要了解对手想要获得的利益呢？是为了在适当的时候（如果我们终究要进行谈判）动摇他们的立场，并且可以找到成本更低的活动方案，在实现俄罗斯铁通公司真正目的的同时，实施自己的广告方案。

让我们来看看另一位参与者。当然，拉西奥先生会向我们指出还有第三家公司，即"老朋友"公司，因为实际上参加这场谈判的不是两家公司，而是三家公司。因此，我们有必要综合分析整个情况。让我们来看看想从我们这里夺取订单的承包商想要获得的真正利益是什么。我们可以看到，这个承包商也不是为了赢得招标，而是和我们一样——赚钱。但或许他们还有一个想获得的利益。于是，拉西奥先生在此提出这个问题："让我们再想一想，除了赚钱他们还能得到什么其他好处？"思考后我们得出答案：他们想获得的另一个利益（表面利益）就是稳固自己的垄断地位，不让任何人（其他的参与者、竞争对手）靠近，尽管我们尚未成为他们的竞争对手，但是其潜在的对手，因为从战略上来看，我们是可以成长的，小公司有可能成长为大公司。在这些谈判中可能还有一个利益，就是不允许出现同样从事广告平台供应的公司。这就是"老朋友"公司的战略目标。

瓦迪姆很难回答他老板要获得的利益是什么。"使我陷入绝境""让我破财""夺走公寓""还钱"和"不能放弃因为我的离开而被驱散的团队"这些想法会推着我们找到真正的答案。

谈判前，区分立场和利益十分重要。立场是处于表面的，是首先会想到的东西。而"为什么我要谈判""我真正的目的是什么""是什么促使我谈判"这些问题的答案便是从谈判中想要获得的利益。

备用计划

　　拉西奥先生向我们提出下一个问题："那么下一步呢？如果你没有达成协议怎么办？你的备用计划是什么？"关于备用计划的问题十分有趣，至今仍会引发许多专家们的争议和分歧。有些专家指出，任何情况下都不应该有备用计划，因为这会使你偏离原始计划。而哈佛商学院的谈判模式就建立在最佳替代方案上。我建议我们应先更详细地研究这个问题，然后再决定我们需不需要备用计划。

　　支持割舍备用计划的人，常用"一步也不许后退"的军事态度，他们断言："把自己的士兵送入'死亡之地'，完成我们目前的计划，在这个过程中一旦出现备用计划，人们就会立即逃跑然后使用备用计划。"真的是这样吗？

　　为了弄清楚这种情况的所有细节，我们需要了解，什么时候能将战争艺术应用于谈判中，什么时候不能将其应用于谈判中。在战场上，"一步也不许后退"和"把自己的士兵送入'死亡之地'"这些规则当然适用且合理。因为在军事行动中，人类生命无法得到保全（无论这有多难理解）。在这种情况下，当总司令下达"一步都不许后退"这样的命令时，士兵要以自己的生命为代价去执行它（占领高地，抓住战略目标）。在和平时期，"士兵"（这里指谈判专家、销售专家、采购专家的人）被下达"我不在乎你用什么方法、怎么做，但是你必须去做，一步都不许后退！你别无选择"这样的命令时，会发生什么？也许正在读本书的领导们有人下达过这种命令，但不要沉迷于自己的幻想，也不要以为一个人会牺牲自己的动机、金钱和生命来实现您的目标。不可能，无论如何都不会！"一步也不许后退"通常会让对方最大限度地让步，我方当然会取得一定成果，但你要考虑一下代价。是以其他方面的让步为代价，而且是最大限度地让步，而我们将会蒙受这些损失。这样的例子我可以给你列出很多。

　　一家公司布置了一个任务：不惜一切代价进入最大的连锁超市。这个公司的销售经理打算厘清他们有哪些备用方案：或许今年不应该采取任何行动，相反，最好根据线下销售原则在该地区打造业绩。但是，他接到了上级命令：一步都不许退，无论如何都要成功签下合同。他只能服从。他最大限度地拖延付款，提供最大折扣以及最有利的条件来得到需要的合同。随后他对上级领导说："这是大型连锁店的合同，是你想要的，拿去吧。"一段时间后，这家公司的领导找到我并请求我想办法终止这个合同。因为这份合同的拖累，公司出现了严重的亏损。每一次，你向员工和自己下达"一步都不要后退，你别无选择"这样的命令时，都意味着在大多数情况下，你将冒着遭受严重亏损的风险，使自己陷入更多不利状况，最终成为这种信念的俘虏。

在和平时期，备用计划的存在（拉西奥先生会帮助我们）会给我们带来力量，因为我们有了另一种选择。一旦我们有了另一种选择，在势均力敌的状态下，我们的力量就会在体内增长，我们会变得强大。如果一个人处在没有与对方达成协议就不知道接下来该怎么办的时候，他就会变得非常弱，因为他有需求却没有备用计划，这时候他可能会走上盗窃、行骗、贷款逾期和法律诉讼的道路，而这一切都是因为他别无选择。很少有借款人会考虑，如果自己还不上钱该怎么办（例如失业或遇到其他生活上的困难）。只要我们无法回答这个问题，我们的地位（在谈判中以及生活中）就会因为需求而降低，我们要答案的想法完全战胜了我们的理智。备用计划的存在使我们摆脱了束缚并向前迈进，能更快地解决摆在我们面前的问题。

还有什么会阻止我们创建备用计划呢？通常，当我们开始提出这个问题时（当拉西奥先生开始提出这个问题时），我们会对自己说下面几句话："噢，我的备用计划不好。""我根本没有备用计划。"备用计划的缺失或计划不佳并不意味着谈判惨剧。这只是意味着，和"怪物"谈判的时机尚未到来。那么问题来了：

这是什么样的时刻？答案是：该集中精力制订这项计划的时刻。

21世纪初期，我的公司的业务是供应摩尔多瓦葡萄酒。那时候（肯定很多人还记得）装在葡萄串、妇女、猫等小塑像瓶子中的葡萄酒很受欢迎。遗憾的是，只有一家在摩尔多瓦的工厂生产这些瓶子。这个不缺订单的工厂对我们来说是一个真正的"怪物"，他提出条件和游戏规则，要求我们提前好几个月付款，而收货时间却长达半年。当然，这对我们来说是个灾难。但是我们对此无能为力，因为这个工厂不想做出任何让步。无论我们如何尝试解决这些问题，无论我们处于何种反对立场，这个工厂都没有做出任何让步，而只是采取了"不喜欢、不要"的态度。

这时，我们求助了拉西奥先生，他给了我们宝贵的建议："伙计们，你们的备用计划是什么？"我们开始寻找备用计划。最初，我们摒弃了所有其他的选择，比如，我们去意大利参加展览，从中找到生产厂家。"不不不，这个备用计划不好，我不会接受的。这些都太贵了，瓶子、物流运输和压模都非常贵，因此这不是备用计划。"但这是一个错误的结论。这就是备用计划，尽管它并不好，但它还是改善了需要。

我们研究了现状，了解到还有别的企业生产类似的瓶子，我们没有去意大利，而是去了莫斯科郊外的"水晶城"，那里有很多工厂生产玻璃瓶。这些工厂实际上已经破产了。我们做了什么？我们和其中一家工厂的负责人交谈，了解到他们没有资金，但强烈希望能开工并赢利。我们给他们的公司提供信用贷款，他们用这笔钱去买可以生产瓶子的设备，按照合同生产。因此，我们有了一个合适的备用计划——在本地生产瓶子而且价格便宜得多。是的，虽然在运输成本上我们损失了一点，但这是可以弥补的。我们没有放弃摩尔多瓦的工厂。因为我们有了备用计划，所以我们和他们的交谈变得容易和轻松了。在感觉到顾客要流失时，摩尔多瓦的工厂代表开始更多地倾听我们的声音。正是备用计划提高了我们的地位。而在我们没有可替代的选择之前，和"怪物"谈判是毫无意义的。

2014年，当物价开始上涨且卢布贬值时，我的一个好朋友找我咨询，问道："伊戈尔，欧尚连锁超市拒绝接受我们的涨价。我现在很绝望，我想给他们写信，告诉他们如果不接受涨价，我们公司就将终止与他们的合同。"

我只问了朋友一个问题："那你真的打算终止合同吗？你还有其他可替换的选择吗？"我朋友结结巴巴地回答说："没有。"我说："所以你无论如何都不要写这样的信。"我朋友问道："那我应该怎么做？"因此，我再次扮演拉西奥先生的角色并提出同样的问题："准备可替代的方案。你接下来要怎么做？你的备用计划是什么？如果你的公司与欧尚连锁超市终止合同，公司将如何运转？你要在哪里赚钱？"

在业务实践中，我们经常制订类似的备用计划，以提高我们的地位。我们与一家大型连锁超市合作，他们要求我们接受他们的条件。这家超市占据了叶卡捷琳堡地区90%的贸易额，因此不管他们提出什么方案我们都只能被迫接受。对我们而言他们就是"怪物"，他们掌舵并建立规则，我们别无选择。

两年来，我们都致力于寻找一个可替代选择：我们将所有的预算和工作都投入到线下零售（没有终止和这家大型连锁超市的合作），即开始在住宅附近开设店铺，聘用自己的员工，发展自己的分销渠道。两年后，这家大型连锁超市感觉到我们的贸易额正在流向其他渠道并且销量在不断增长时，他们的代表与我们进行了谈话。

我相信上述例子让你相信了备用计划的强大力量。是的，它需要被关注、需要详细的方案、需要大量的投资，包括思想上甚至具体行动上的投资，但是这个备用计划的效果是非常好的。

在培训中，参训人员常常问我一个实在的问题："伊戈尔，有没有这样的情况，当我们开始制订备用计划的时候，就会偏离我们当前的计划。"是的，当然有！这毫无疑问，它就是为此而制订的！当你的备用计划开始比当前的执行计划（与"怪物"进行谈判）更好时，和他进行谈判还有意义吗？在这种情况下，你就可以放心地拒绝他们了。

我有一个非常要好、从小就认识的女性朋友。她是一位非常出色的牙医，在一家工作室工作了15年。可以说，她的老板给她施加了一些情感上的压力：她在还很年轻的时候老板就带着她工作，教会了她一切，给她提供了工作机会，给她发工资。现在的情况是，她对自己的工资十分不满意，因为她了解到，她在这里的收入比在其他工作室少太多了。她尝试与老板沟通以提高工资，但是全都因为老板的情感压力无疾而终："你要知道，我们已经一起工作了15年……你要知道……"也就是说，她的老板给她施加了压力。她是一个非常重感情而且在一定程度上有依赖性的人，她陷于这种诡计很多年，她为了这个"怪物"的利益牺牲了自己的利益。当然，她心里也有恐惧。她问我："到底要如何为这些谈判做准备？"我给她提出了一个建议——了解自己真正的价值。她随后就将其付诸实践。实际上，我是让她了解自己在劳动市场上所产生的价值。

许多人在看招聘网站的时候会说："看，这家公司给这么高的薪水。"因此他们往往会高估自己。不要忘记，这只是一则广告！就像承诺结婚并不意味着真正结婚。而广告里通常说的都不是真的。工人要想拥有自己的备用计划（这个建议非常正确且有价值，我是在美国学到的），需要定期去了解自己的市场价值，了解老板们实际上愿意为你付多少钱？为什么这样做很重要？

或许你确实赚得不多，也可能相反，你赚得很多，对这种情况你需要充分了解。对老板来说，我有一个宝贵意见：即使你拥有足够多的员工，你也应该经常进行人才选拔，以便拥有人才储备并了解市场情况。这将为你提供备用计划，以便你和那些认为自己是人才且企图迫使你接受其规则的员工进行谈判。人就是这样，当他知道你还有别的选择时，他的"人才病"很快就会过去。

我的朋友接受了我的建议并联系到几家公司。她参加了几次面试后，非常高兴地打电话给我："伊戈尔，非常感谢！你的建议非常有效。"我问道："是什么完善了你的备用计划？你和你的老板谈了吗？"我让我的朋友去参加那些工作面试的初衷只是为了让她提高自己的地位，为了让她感受到那些公司愿意付她这些钱，她可以赚到这些钱，而她现在只是收入不足。她回答："比这更好，伊戈尔，你知道吗，当我决定参加面试时，我发现一则牙科诊所的出售广告，有人在我家附近出售一家牙科诊所，而且他出售的价格是我和家人负担得起的。现在我不仅辞职了，找到了另一份工作，而且我还拥有了自己的牙科诊所。我成为公司持有人，现在我的梦想实现了。"这种情况很常见，当我朋友的备用计划比当前的计划好得多时，她直接拒绝和"怪物"谈判。

听了这个故事，瓦迪姆意识到，他有一个备用计划，所以他并没有那么弱。起初他没有看到除了退还公寓并搬出去租房子他还有什么别的选择，但后来我和瓦迪姆顺利改善了备用计划。我们制订了这样一个计划：因为公寓没有被抵押，所以我们拿它向银行贷款去还所有的钱，然后再逐步还银行的钱。当他意识到这一点时，你们能想象瓦迪姆的状态吗，他挺直了腰板，充满了力量。

让我们回到拉西奥先生这里，回到我们的公司，回到在前面几章分析过的案例中。总之，年轻的企业家们听到"如果你没有签订合同，接下来要怎么做"这样一个问题时，他们会突然愣住，然后毫不犹豫地承认自己绝望了。"我们没有出路，我们别无选择，这是一个灾难，我们会失去一切！"

　　朋友们，让我们一起来制订备用计划。接下来究竟会发生什么呢？你还有怎样的选择？你的可增强点在哪里？

　　的确，在前文提到的广告代理的案例中，"广告+"公司暂时没有备用计划。因为"广告+"公司已经花了钱，已经投入了一定的资金，公司已经支付了合同费用，为此还拒绝了一些小额合同。那到底该怎么办呢？现在做什么都为时不晚，拉西奥先生将按照以下方式帮助"广告+"公司制订备用计划。首先，"广告+"公司必须要做的就是找到资金，也就是不再受钱制约，想办法吸引其他资金。

　　如今，很多创业者都认为，没有钱也可以轻松创业。拥有20多年经商经验的我想说，没有钱就不可能做成生意。因为，没有钱我们就制订不出备用计划。

　　因此，在这种情况下，我们必须要做的就是吸引投资（包括出售某些股份），保证资金流、信用贷款和其他一些风险在可承受范围内的东西。虽然我可以给出这些建议（找到资金），但这并不是本书的主题。在广告代理案例中，"广告+"公司可以轻松地吸引到投资者，获得资金。想一想，如果他们还要一两个月才能筹集到资金会怎样？一旦他们金钱自由了，他们要做的就不是处理合同了，而是处理备用计划事宜：如果我们终止合同会怎么样？如果我们不终止合同会怎么样？我们还能回到小客户那里，仍旧随意地将广告平台租给他们吗？此时，备用计划产生。

其余的备用计划我们将在后文中分析。但是现在我们已经看到了备用计划的存在。还有一种备用计划，就是不和代表谈判，不和俄罗斯铁通公司谈判，而直接和同样也出席谈判的"老朋友"公司谈。这是一家对夺取整个业务非常感兴趣的大公司。要知道，在大多数情况下，当你不能赢得大型招标时，你可以选择成为分包单位。这也能在第一时间带来可观的收入。我建议大家研究一下这个备用计划。

总之，我们看到了可以摆脱绝境的出口，我们有备用计划，也许会比当前与俄罗斯铁通公司这个"怪物"谈判更好。坚持这一选择，至少我们已经有了备用计划。

备用计划并不总是存在的，也并不总是显而易见的。但是它的缺失意味着需要暂时推迟谈判并寻找一个备用计划。"怪物"很清楚，如果你别无选择，他就能把你捏在手里。如果你没有备用计划，能虚张声势当然也可以，但是假如你不会虚张声势呢？

　　备用计划的存在旨在巩固地位。但如果你没有备用计划或者备用计划很差，那么谈判的时机就尚未到来。你的主要任务就是将全部的精力投入到寻找备用计划中。不断地问自己同一个问题："我还有什么样的选择？"

"我的对手的备用计划是什么？为什么我需要知道'怪物'

还有什么选择？为什么我要这样做？"实际上，这些问题的答案会让你对谈判的前景有一个深刻了解。

让我们回到瓦迪姆的问题上，看看他的老板的备用计划。如果瓦迪姆拒绝支付借款，他的老板将怎么办？如果调整好情绪，不带感情地开始第二个计划，我们可以想象得到，他的老板的备用计划是这样的：法院诉讼或卖掉债务。而这两个方案都意味着时间和金钱的付出，以及模糊不清的前景。他的老板无法剥夺他唯一的住所，而要从一个人那里讨债是困难且漫长的。现在，了解了对手的备用计划之后，我们需要把他的备用计划和我们正在讨论的方案进行比较。如果瓦迪姆的老板的备用计划更差，那么我们的谈判地位的提高指日可待；而如果他的方案更好，那么我们谈判的时机就还未到。要说服对手接受你的提议是困难的，甚至是不可能的。奇迹就像许多冒牌专家极力承诺的魔法药一样，是不存在的。如果你的对手有比你提出的条件更好、更明确的选择，那他一定会在你的提议上加上他的条件。那么是什么阻碍了你的谈判对手使用你的替代方案呢？主要在于，你是谁？他会为你支付更多钱或使自己陷入亏损中？即使关系和忠实度增加了，但还要想一想增加了多少。我非常喜欢电影《土拨鼠之日》中的一个片段：主人公决定学习弹钢琴，他去了老师那里。老师让他第二天再来，因为老师当时已经有一个学生了，于是，主人公出价1000美元。下一个镜头就是，老师把之前那个学生赶出了门。

"俄罗斯铁通公司的备用计划是什么？"拉西奥先生向我们提

出了这个问题。如果认真想一想，那么备用计划就是"老朋友"公司。与此同时，"老朋友"公司可以增强自己的地位并直接向广告平台持有者支付更多费用。但关键在于"广告+"公司有合同，却还没付款。这就是我们的弱点。我们需要尽快付款并推进谈判，尽可能使"老朋友"公司的任务复杂化。事实上，做了这几步之后，我们就在"怪物"那里排除了异己，剥夺了他的备用计划，并让他变成了纸糊的"怪物"。

　　清楚了解对手的备用计划，可以让你有机会在谈判中提高自己的地位或采取行动降低对方的地位。

你现在拥有些什么

　　曾有两个年轻人找过我，一个21岁，另一个22岁。他们都是程序员，其中一个还是在读大学生。听了许多关于每个人都应该自己创业的宣讲会后，他们决定自己创立公司，发一笔财——赢得俄罗斯储蓄银行的招标。他们找到我说："请帮助我们，我们需要参与谈判且赢得胜利。"我能给他们的唯一建议就是祈祷他们不会中标。为什么我这么冷酷？事实上，这不是冷酷，而是更加清醒。请想象一下，如果他们竞标成功，但是他们没有钱、没有人、没有技术，接下来会发生什么？"怪物"会将他们吞噬。

　　"你有能力、资金和资源吗？"这个问题能让我们最大限度地去了解谈判。从这个问题可以明白，和"怪物"进行谈判的时候，你应该清楚地知道：谈判遇到困难时，你是否有足够的资源？就他们认可的结果而言，你还缺少什么？此前，我们已经回答了这个问题并得出了结论：我们面对某个公司，最主要的是资金不够。至于其他的条件（人力和公司资源），都与钱有着千丝万缕的联系，只是这些对谈判的影响不大。因此，为了避免谈判从现实变为泡影或者想象，你必须不断努力充实自己所拥有的资金。

人们通常会对此有所误解，说："来吧，我先竞标成功，得到合同，然后我就能解决一切问题。"你无法解决！因为接下来你会因没有足够的资源而被罚款，还会遇到你很难摆脱的其他问题。求职者找工作的时候也会遇到这种情况，他们会认为："我可以先撒谎，之后再去学……"却没有仔细考虑，如果这个谎言被揭穿会带来什么样的后果。这就是为什么清楚认识自我如此重要。你是否拥有足够的资源？只有回答了这个问题，你才能够提高到所需水平。如果你的公司人手不够，你能够确定去哪里找到人，或者将一部分工作外包出去。如果你知道自己的资金不足，你可以选择借钱（实际上这并不难），或者你可以找投资商，再或者你可以卖出一些股份。如你所见，方案很多，剩下的只是挑选出最适合自己的方案。

不过，尽管财务问题是相当重要的，但是筹集资金并不是问题本身，只是一个挑战。

我必须解决这个问题的情况发生了不止一次。例如，在被禁止进口摩尔多瓦和格鲁吉亚葡萄酒时，我发现自己的处境非常困难：我的公寓抵押给银行，我是担保人。由于我身处财务困境，为了解决债务问题并保证公司的进一步发展，我不得不将公寓还给银行。是的，随后，我全额付款给银行，收回了我的公寓。方法是有的，最重要的是，你要知道自己在哪方面有不足，以及靠什么来弥补。

在与"怪物"的谈判中，除了会出现缺乏物质资源的情况，还会出现缺乏人力资源的情况。例如，在信息技术项目中，我经常遇到这样的事：尽管人手不够，公司还是拿下了该项目，然后此前可预见的混乱开始了，比如，项目延期、中断等。正因如此，谈判前为此做好准备，找到后续可以使用的资源相当重要。

瓦迪姆的情况还不错。事实上，他有钱和资源，只是缺乏精神上的力量。因此，我（拉西奥先生）为其提供了帮助，对瓦迪姆谈判时可能遇到的困难给予了指导。

让我们再次回到年轻的程序员的例子上，为什么我建议他们不要竞标。因为除了想获胜的强烈意愿，他们没有知识（暂时还无从获得）和经验，他们不可能吸引到投资者和资金。你可能会说："他们会找到的。"那么我要反问你："你会给他们钱吗？"你只需要想一下这涉及多少钱。答案还未明了，你需要再认真考虑一下：或许他们可以找到一家公司，以该公司的名义去投标；或许他们可以将自己作为一个专用团队提供给更强大的第三方。有时候这也是一个非常好的方法。比如，我的一个密友季马，现在是一名杰出的律师，也是一家大公司的合伙人，他曾注册了某项目法人，然后意识到，卖掉业务也未必能解决资金问题，于是他就把这个项目推荐给了国内最大的律师事务所。那家律师事务所的高级合伙人同意了。几年后，季马也变成了那家律师事务所的合伙人。

在开始谈判之前，请你确保自己拥有这三个要素——能力、资金和资源。如果有必要，你能在哪里得到补给？

截止日期

拖延可以变成任何东西，因为时间会带来灾难也会带来好事，会带来善也会带来恶。

——尼科洛·马基雅维利

让我们来做一个小实验。大多数人的电脑或者手机里都安装了游戏，无论是限时的游戏，还是不限时的游戏。如果你先玩不限时游戏，然后再在限时的情况下玩到跟不限时玩到的一样的等级，我相信，在限时情况下玩游戏会更难。这时你必然会有疑问："为什么？"

时间（期限）是严重限制我们的因素之一，它会迫使我们不由自主地去做一些事。我要强调的是，截止日期是影响我们以及我们对谈判过程了解程度的强大因素之一。之前，我提到练习铁人三项，其中一项是游泳。为了让我游出最快速度打破自己的纪录，教练拿走了计时器和测距仪，这样游泳时我就不会分心，我确实游得更快了。巧妙使用期限的"怪物"非常清楚这种特点。

为什么会这样呢？让我们来分析一下，除了时间还有什么能限制我们。除了时间，我们还会受到另外两个因素制约：现有的资金和现有的动力资源（人力资源或者我们拥有的其他资源）。有这样一种规律，当我们拥有足够资源的时候（没有人在时间上限制我们，不花钱，精力和情感都处于应有的水平），我们就可以从容不迫地完成工作。而一旦我们受到了某种限制（例如，抵押贷款还款日期临近或出差的钱用光了），坐立不安的情感因素就会立即启动，我们会陷入极不稳定的状态。罗伯特·西奥迪尼在他的书中描述了这种规律，用一句话来形容就是，我们会多用充足的东西，而节省使用稀缺的东西。因此，我们的对手（"怪物"）会紧紧抓住这个机会，利用我们的弱点对付我们。

那么，如何在实践中运用这种规律呢？我曾多次代表公司进行国际性谈判，对此，我能列出一个几乎标准的谈判过程：通常，一个大型代表团受邀参加谈判，抵达后他们先会被带去吃饭、喝酒、参观著名景点，临近上飞机之前双方才开始讨论某些商务问题。当然，出差这么长的时间，如果没有结果一般人就不会离开那里。很少有人（甚至老板）会承认自己白白浪费了时间。因此，由于时间有限，他们就被迫接受了不利条件。正因如此，每个买家或者每个有经验的谈判者在处于"怪物"的位置时，通常会拖延回答并且也不会给出期限，只有对他有利的时候他才会回答。请尝试写信给垄断性的大型连锁店或机构，提出你要提高所供商品的价格的提案（即使是根据规定）。我向你保证，没有人会快速回复你。相反，你的对手会拖延时间，以各种手段推迟谈判。若你的对手对你的提案感兴趣并快速回复，那就完全是另一种情况了：他通常会给你设置截止日期，限制你的金钱和时间。

你是不是经常会迫不得已地听到以下这类句子："我们需要在月底之前确定供应商"？你会认为这些垄断性连锁店或机构（"怪物"）以这种方式表达了他们自己所能接受的截止日期。但是并不是这样的。他们这样说是为了给你设定截止日期。因此，为了避免这种情况发生，你必须先非常谨慎地控制截止日期，并且不要忘了请出拉西奥先生，他将为你提供五个无可替代的建议帮你控制好截止日期：

1. 谈判前对自己有一个清楚的认识（自己弄清楚，或者从指导你进行谈判的人那里弄清楚），明白是什么限制了你以及你所能接受的截止日期。你有多少可支配的用于谈判的时间、金钱以及其他资源。

2．尽量设法确定对手所受的限制。

3．谈判时要始终掌握距离截止日期的时间有多长。

4．无论如何都不要推迟复杂的谈判，要相信自己能解决所有问题。

5．在快到截止日期的情况下，考虑将其推迟的方法。

因此，让我们来看一下，瓦迪姆和"广告+"公司是如何对截止日期进行控制的。

第一步：明确谈判中限制我们的因素

在"广告+"公司这个例子中，有几个限制的因素。第一，广告平台持有人给他们的时间限制——给了他们一个月的宽限期。第二，资金限制——价格太高，资金严重短缺。除了这两个显而易见的限制，"广告+"公司还有第三个可能不会马上被考虑进去的限制因素，即人力短缺，这是小公司经常会遇到的问题。瓦迪姆在谈判过程中的限制因素同样也不少：他需要每个月养家的钱，他的老板还催他并要求他在最短的时间内给一个答复。但这些都是表面上的限制，实际上，如果深入了解一下，他当时的情况还算不错。他已经有了可替代的临时工作，而他的老板很着急，事实上这更像是约束老板的截止日期，而不是约束瓦迪姆的。瓦迪姆住在登记在自己名下的公寓里，还没有人正式向他提出任何索赔，原则上这对他来说是非常意外的事。

┌─我听过这样一个故事─

晚上，莎拉醒来，发现她的丈夫还没有睡觉。"亚马，你为什么还不睡觉?""莎拉，你知道吗，我欠了邻居3卢布。"莎拉沉思了一会儿后敲了敲墙问："亚伯拉罕，亚马向你借了3卢布吗?""是的。"声音隔墙传来。"这样啊，亚马不会还钱了。好了，亚马，睡觉吧，现在让亚伯拉罕睡不着。"

截止日期通常就像菜园中间巨大的稻草人，主人看到它后往往会被吓坏。要清楚自己的局限，并在第一阶段了解对手是真的可怕，还是自己落入了"怪物"的圈套，这十分重要。思考和评估自己的真正期限，而不是对手推给我们的，这一点也十分重要。在本书第三部分中，我将详细描述如何在实践中避免陷入"怪物"的限制圈套。本章中，我们的主要任务是了解截止日期并做好拖延最后期限的准备并稳定情绪，否则任何方法都没用。当然，一般来说，意识到我们所有的局限性并不会让事情变容易，但是对截止日期已有的了解会推动着我们进入下一步。

第二步：确定对手的局限

毫无疑问，第一眼看上去很难。但是，如果更深入了解这种情况，就会发现，在"广告+"公司的这种情况中，"广告+"公司是在与最终客户的采购小组进行谈判。这就是为什么了解最终客户（即在这当中有自己的利益的广告部）的真正期限非常重要。遗憾的是，有时我们无法了解，因此我们必须在自己身上清楚地做出标记，以便进行谈判并确定对手的真正限制。因为我们的对手在这些谈判中提到的关于截止日期的话可能是假的（关于欺骗和谎言，我们将在后面的章节中讨论）。在瓦迪姆的情况中，他的老板可能有财务困难，但是瓦迪姆反驳了这一点；或许他的老板有人力资源短缺的困难，所以他的老板才会说尽真话和谎话来留住瓦迪姆。

《孙子兵法》有云："知己知彼，百战不殆。"如何在实践中了解对手的截止日期？

我们曾与摩尔多瓦葡萄酒生产商合作。和他们谈判非常困难，直到有一次吃晚餐时，其中一位合作伙伴（不是最主要的谈判者）说："对我们而言，9月1日之前我们真的非常迫切地需要钱，朋友，帮帮忙吧。"我们想知道为什么，于是做了分析。等一切准备就绪，我们9月就已经着手购买下一季葡萄酒了。我认为不用解释我们是如何熟练地使用此方法的了。

谈判中，为了了解对手的截止日期，我们不仅需要与"怪物"进行交流，还要与他的下属进行更多交流。有的员工在友好的聊天气氛中可能会不经意地透露出一些信息，你只需要表现得非常认真和友好即可。不要绕开"怪物"的秘书，你应该最大限度地关注他们并适当问些问题。秘书和普通员工通常不能解决问题，但他们可能知道很多信息。

请记住，听取并收集信息时，谈判者不是多说少听，相反，是多听不说。向对方表达出你的尊重和关心，信息就会流到你手中。

我曾到叶卡捷琳堡进行谈判，当时面临着一个艰巨的任务——与一家大公司签订产品供应合同。与这家"怪物"公司谈判非常艰难，谈判者千方百计地拖延谈判的截止日期，并且表明他们一切都非常好，他们还有时间，不急于做决定。因此，我坐在接待室里看书，等了大概一小时。然后我听到秘书拿起电话说："是的，尼古拉·奥列戈维奇今天坐飞机离开了，所以，今天你需要什么？请你尽快做出决定，他在休假时无法联系。"我警惕起来，然后微笑着走到秘书的办公桌旁把我的书递给她，并说："玛利亚，请允许我把我的签名书送给你。"她笑了，我们开始交流，她说，老板定下的任务正是今天解决合同的问题，而明天采购员们不会和其他供应商进行谈判。因此，对他们来说，我是他们最后的选择。

当然，不一定要送书，有时甚至一支钢笔、一块儿巧克力蛋糕也可以解决许多问题。

切勿将自己置于比对手的秘书或下属员工高的位置，对他们表示尊重和诚意，你可以了解到更多有用的信息。

第三步：注意截止日期

在这一步，我们必须清楚地了解自己到了哪一步，还有多少时间，资金和其他资源情况如何。如果资源允许，我们就可以大胆地去进行谈判；如果资源不足，请参考第五步。同时，我们必须保持谨慎，仔细考虑自己的每一步并事先想好自己在败势中如何提高自己的地位。对"广告+"公司来说，很明显是资金不够，甚至连时间也不够。因此，"广告+"公司需要清醒地评估一下，还有多少期待值。而瓦迪姆有时间，也有资金，他可以大胆地进行谈判。

第四步：不要推迟艰难的谈判

必须承认的是，人们非常会安排，总是把解决难题留到最后（即心理学中的拖延）。这不仅是俄罗斯人在谈判中经常出现的情况，可以说是一种普遍模式，每个人都不陌生，即所谓的21世纪的"瘟疫"。

让我们稍稍从自己的情况中脱离出来，分析一个几乎所有公司贸易部门制订计划的典型实例。想象一下，假如今天是9月1日，销售部负责人向所有供应商发布了从来年1月1日起涨价的决定。这时普通的销售经理会做什么？他会说："我们还有四个月的时间。"尽管还有时间，但是他知道10月1日领导将会问他相关事务的进展情况。

这样的销售经理通常都有自己不成文的客户等级划分：一级客户，即轻松的客户（那些会很快同意并与他们建立良好关系的客户）；二级客户（那些最初会拒绝改变的谈判人员或公司，但他们很有可能最后还是会同意）；三级客户，即"怪物"。一般来说，大多数管理人员在月底都会以这样的方式问自己的下属："合同续签进行得怎么样了？"这是一个导向错误的提问，因此销售经理就会在第一个月先与最轻松的客户打交道来积攒数据。而这确实会使他们很难达到自己想要的结果。因为他们从最轻松的客户开始，然后是中等难度的，而总是把无法独自解决的"怪物"留到以后，我们甚至比"怪物"更快地把自己推向了最后的期限。因此，请稍微调整一下自己的模式：先和"怪物"进行谈判，把其他的客户留到以后。

因此，在这种情况下，"广告+"公司不应该推迟艰难的谈判，相反，要尽快与"老朋友"公司进行初步谈判。是的，我没有说错话，正是要和"老朋友"公司进行谈判，了解他们对最终客户的动机并进行初步谈判，不是推迟也不是等到招标。"广告+"公司需要尽快做出决定。

相反，对瓦迪姆来说，他不应该逃避也不应该主动开始谈判，他应该记住克劳塞维茨的黄金法则：时间是防守者的守护天使。瓦迪姆应该按照约束对手的截止日期来掌控谈判的节奏，让对手来说，让对手去等。

第五步：到达或接近截止日期时的思考

在到达或接近截止日期时，请思考一下，如何推迟截止日期以及在接近自己所能接受的截止日期时，你将能在何处获取资源。

这正是我们做第一步的原因，我们了解了真正的截止日期后，就可以控制谈判流程了。如果我们已经非常接近截止日期了，那必须决定接下来该怎么做。如果你的客户在12月31日之前拒绝签订合同，那么你应该在达成协议之后再恢复供应。用尼科洛·马基雅维利的话来说，在困难时期，你必须拥有可以获取资源的地方。如果到期，你还没有充足的资源，你很快就会输掉谈判。我在参与国际性谈判时，常常在谈判结束后再多留几天。我不止一次注意到，这种推迟截止日期的做法会影响新出现的谈判团队和对手的关系。不要只是消极地说："在价格方面达成一致前，我们将暂停供货。"请换句积极的话说："解决问题后我们立即恢复供货。"换一种说法只是一件小事，但意义重大。

顺便说一下出差。你或你的属下出差时，请记住，出差可能成果显著，但实际上是非常低效的。这是什么意思？从统计学上来讲，正是由于存在截止日期，出差的效果才大打折扣。因此，不要严格限制行程时间，相反地，要延长行程时间（如果有合理的理由）以取得最好的效果。

那么，"广告+"公司到哪一步了呢？我们能清楚地看到，我们设置了截止日期，也就是说，对手清楚地知道并利用了这一点。拉西奥先生就此提出了问题："我们现在不延长期限吗？我们不给公司找到更多资金吗？我们不多给自己一个月的时间吗？这不仅延长了时间，还能让我们找到资金。"这个问题很有意思，值得考虑。考虑了这一建议，"广告+"公司就可以控制局势，冷静下来继续前进。

　　你需要始终清楚自己所能接受的截止日期，并尽力去了解对手的截止日期，时常注意你离到达自己规定的截止日期还有多久。不要推迟艰难的谈判，做好拖延最后期限的准备并在战略上超越"怪物"。

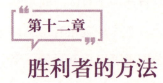

胜利者的方法

　　拉西奥先生帮助我们恢复冷静之后，是时候决定与"怪物"谈判了。

　　此时，另一个问题出现了：有没有第三方可以代替"怪物"和我们进行谈判。这个问题是关键问题，我们已经找到了答案。如果在我们已经完成了所有的步骤后，你的地位依然处于弱势，那么最好继续提高地位或者暂时放弃谈判。若老虎已经吞下了你的头，你就不可能与它进行谈判了。

　　如果你知道自己的地位得到了加强，就像瓦迪姆的故事一样，你就可以大胆地和"怪物"进行谈判了。你的信心和准备，以及你的备用计划都将是你可靠的盟友。当然，你仍然需要战术上的技巧，我们将在后文对此进行讨论。进行复杂谈判的武装技巧也很有用，关于这部分内容，你可以通过阅读我的《克里姆林宫谈判法则》一书来学习。

瓦迪姆打败了自己内心的"怪物"并成功地进行了谈判，他说服老板接受了他的条件，保证了他可以长期分期付款的权益。

"广告+"公司有更多的选择。如果能成功吸引到资金，那么在这些谈判中他们就会变得强大。他们可以和俄罗斯铁通公司进行谈判，或者在那些小额合同的支持下放弃与俄罗斯铁通公司的谈判，或者和自己的竞争对手"老朋友"公司进行谈判，把对手变成盟友。最重要的是不能得寸进尺，否则就会像普希金的作品《渔夫和金鱼的故事》中结局悲惨的老妇人一样。处在强势地位时，请记住把自己乔装成"绵羊"，并且不要忘记自己的真正利益。

在进入战术技巧之前，请你先回答一个重要的问题：你是否总是能战胜"怪物"。答案是：不，并非总能如此，但是成功的案例也比我们最初想得更多。你需要冷静地进行谈判，如果你已经放弃了这些谈判，那么请自觉地这样做。

第三部分

"怪物"的游戏

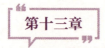

"怪物"的战术技巧

如果在此之前我们克服了自己内心的恐惧，决定与"怪物"谈判，那么现在是时候了解"怪物"对弱者采用的战术手段了（谈判中我们可能也会遇到）。让我们来看看这些技巧。

第一个手段："要么按我的意思来，要么什么也别想"

让我们来想象一个场景：你在与"怪物"进行谈判时，这个"怪物"知道他自己凌驾于你之上，那么在对话中他就会使用这样的句子："要么你接受我的条件，要么我们就不合作。要么接受，要么离开。"在日常生活谈判中也可能会发生完全相同的事。老板向瓦迪姆发出最后通牒："要么你还钱，要么我就收回公寓。"正如我们所看到的，"怪物"一出现，就把这种技巧用上了，因为"怪物"占有优势地位，无法应对这种行为的弱者往往会掉入这种陷阱里。

"怪物"这种行为常常跟"勒索"相关，无论是从事销售的人还是从事人事管理的人，我们每个人都可能会遇上这种情况，每个人都在试图"勒索"别人：不满意的客户尖叫着要求退款，否则他们就要去发布差评。有的员工认为自己对公司来说是不可或缺的，感觉老板不可能轻易辞退自己，因此平静地对老板说："如果你不给我涨工资，我就辞职。"在这种情况下，落入"怪物"陷阱的弱者会同意"怪物"提出的条件，按照优势一方的游戏规则行事。

第二个手段：毫无根据的指控

谈判的时候我们经常会遇到以下情况，即"怪物"企图将自己的责任，尤其是失败的责任推到弱者身上。我曾与大型信息技术公司合作过，其中一家告诉过我一个类似的故事。

这家信息技术公司正在为一家大型控股公司开发软件，这家控股公司扮演着"怪物"的角色，明显感到自己处于优势地位（有权力、资金以及一些其他资源）。信息技术公司非常精细地完成了项目：签署了合同，开发了软件，进行了一系列的说明。但是客户那里情况发生了变化，他们的诉求前后不符（根据他们的主张）：控股公司的代表一直说他们被错误的技术分析误导了，并提出一些其他指控。我认为，许多人都遇到过这种类似的情况。指责对方一些没有做的事情，或者将错误归咎于对方。

第三个手段：提高音调

我们每个人在生活中至少遇到过一次这样的情况：一个"怪物"用过高的音调和强势的话语让对手陷入呆滞状态。

第四个手段：提出一个毫无争议的问题，或者使用激将法

通常，"怪物"希望对手没有迟疑地快速回应，这样就会使对手掉入陷阱。例如："你的领导知道你受贿吗？"太多人会立即给出答案，从而掉入陷阱：你回答"知道"，会掉入陷阱；你回答"不知道"，也会掉入陷阱。换句话说，无论你如何回答，你的答案都将会被拆开来解读。

第五个手段：控制时间（截止日期）

像前文分析的那样，以一种轻视的态度让对手长时间等待。我们每个人都遇到过这样的情况，谈判时意识到自己处于优势地位的人可以冷静下来，转移注意力，做自己的事情（如接打电话等）。与这种行为类似的还有：让对方在会议室长时间等

待、多次推迟会面、不接电话，等等。当然，所有这些都是故意为之。

还有一种必须分析的现象——没有原则地讨价还价。什么是没有原则地讨价还价？即人为地让你的竞争对手参与谈判：明示或暗示。暗示是在谈判中声称我有一个比你更有趣的提案，但不指明比较标准。此外，在这种情况下"怪物"可能会同时利用你和你的竞争对手的商务报价表，在不提前通知你们的情况下不仅邀请了你，还邀请了你的竞争对手一起进行谈判。当"怪物"发现自己处于这个位置时，他会感觉自己更加有优越感。

第六个手段：欺骗或说谎

《孙子兵法》有云："兵者，诡道也。"因此，一旦我们的对手开始对我们撒谎（"怪物"经常说谎），我们就要知道他在耍我们。一旦我们对这个谎言信以为真，我们就会掉进这个大陷阱中。

所有这些游戏都有一个共同点。是什么呢？请思考一下，"怪物"为什么要威胁、说谎、提高音调？当然是为了激怒我们，放大我们的情绪，迫使我们接受他的条件。

"怪物"控制着我们，并在以下情况下使我们陷入情感谈判模式：

> 1．说"不""不是这样的""我不同意"。
>
> 2．证明自己是对的。
>
> 3．开始用自己的正义说服他。

斗争就从这里开始，就像我前面写的那样，在斗争中要么获胜，要么两败俱伤。但是，更强的"怪物"知道，情绪是他的盟友，激起情绪就能削弱对方。因此，与"怪物"谈判的通用法则是：

> 1．避免争执。在需要共同做决定时，争论是正常的。但更重要的是要知道，不争论并不意味着同意。
>
> 2．不要找借口。试着回应"怪物"的所有攻击。
>
> 3．不要急于证明自己是对的。正确不意味着可以获利。不要以为你说的话就应该是最后的结果。

尽管这些规则都很简单，要做到却很难。我们的朋友和敌人——我们内心的声音会同时对我们进行干扰，当"怪物"攻击我们时，我们内心的声音就会开始大骂："谁允许他这样做的？""他没有权利！""我是不会这样做的。""这完全就是胡说。"当我们不同意某件事，或者对手说出与我们的观点相反的话时，我们会不断听到这样的话。一旦内心发出抗议和愤慨的声音，我们就会立即停止倾听对手的话并反射性地开始争论，找借口证明自己才是对的。为了有效地和"怪物"进行谈判，你必须先学会让自己的内心安静下来，学会倾听对方的声音。是的，正是倾听。为什么呢？为什么要听别人如何指责你、勒索你？为什么要如此卑躬屈膝呢？只有我们倾听对手的声音而不是自己内心的声音，我们才能解决两个重要的问题：

> 1."怪物"没那么恐怖了，因为他没有了力量，他的攻击力会减弱。对一个人的攻击不起作用是无趣的，倾听使我们能调整过分激动的情绪。
>
> 2．倾听可以使我们在"怪物"的观点中找到漏洞，并在以后加以利用。

倾听是一种最廉价却最有效的妥协，能使谈判处于自己所需的氛围中。在切列波韦茨的一家餐馆吃过晚饭后，我迫不得已变成了一个歌星和音乐会组织者之间对话的目击者。我不会透露这个明星的名字。他们的对话很大声。

明星：你完全不动脑子想一想吗？没带脑子吗？我到你这个穷乡僻壤的地方来，你还什么都没有准备。在这么糟糕的大厅里，我没办法彩排，而且我一般……我会在新闻发布会上曝光你们！

　　组织者：我承认大厅还没准备好。

　　明星：这样我无法正常彩排，我需要时间进行彩排和调整。

　　组织者：请问我们现在出钱为你提供最好的温泉疗养可以吗？新闻发布会结束之后就彩排。

　　明星：那个温泉疗养具体怎么样？

　　请想一想，如果组织者开始争论或找借口，接下来会发生什么？是的，他承认大厅尚未准备就绪，在这里他使用了一个重要的技巧——"拔刺"。这一技巧的关键在于尽快认清使你变弱的原因，以及对手可以用来引发争论的王牌。组织者没有找借口、找原因、怪别人，没有去证明自己是对的。他只是听完了对方的话，并且听到了对方最不满的一点是无法彩排，以及演出习惯被破坏了。这是组织者能解决的事情。

　　许多作者和教练都试图将听和听到两个概念分开。尊敬的读者，如果你听了，就会听见。最重要的是不要假装自己在听。在谈判中，如果你内心的声音在不停嘶吼，你可能会听不到外界的声音。为了听到外界的声音，你需要让自己内心的声音保持温和。

控制自己内心声音的方法

1. 不要给对方贴负面标签。谈判前和谈判中均不要给对手贴上任何负面标签。例如，他是个不好沟通、愚蠢、没有文化、卑鄙的人甚至恶霸等。当贴上这些标签时，我们会妖魔化自己内心的声音。请对自己说："停下来!"你面前的是一个正常人。他不是暴君，只是在完成自己的工作。我们对内心的自己说"停下来"的时候，能让自己的内心安静下来。跟任何人谈判，都不要给对方贴上负面的标签。著名演员法茵娜·让涅夫斯卡娅的姐姐是个很好的例子。

法茵娜·让涅夫斯卡娅的姐姐伊莎贝拉·费尔德曼住在巴黎。丈夫去世后，伊莎贝拉的经济状况变得越来越糟，于是她决定搬到住在莫斯科的法茵娜那里。

法茵娜为亲人的到来感到高兴，她积极地申请工作，从而得到了姐姐返回苏联的许可。她幸福地见到了姐姐，她们拥抱、亲吻然后开车回家。她们来到科特尔尼切斯基沿岸街的一幢高层建筑。

"这是我家。"法茵娜自豪地告诉姐姐。

伊莎贝拉并不感到惊讶，她妹妹这么有名气，应该住在这样的房子里。

"你在这里有一套豪华的住宅或者拥有整层楼吗?"伊莎贝拉问。

当法茵娜带她进入自己的小型两室公寓时,她的姐姐惊讶地问:"法茵娜,为什么你住在公寓而不是住在别墅?"

机灵的法茵娜解释道:"我的别墅正在装修。"但是这位来自巴黎的客人还不放心,接着问:"为什么公寓这么小?面积有多大?""整个房子有27平方米。"法茵娜自豪地说。

"但是这很拥挤。"伊莎贝拉开始大声哭起来,"这真是个'贫民窟'。"

"这不是'贫民窟'!"法茵娜生气地说,"我们这里很好。这栋房子是精英楼,这里住着著名的演员、导演、作家等。乌兰诺娃(苏联著名芭蕾演员)本人也住在这里!"

著名的乌兰诺娃的名字起了作用,伊莎贝拉叹了口气,开始在给她准备的房间里收拾行李。但是她仍然不明白这栋房子为什么叫精英楼。楼下有电影院和面包店。一大早搬运工就开始卸货,他们大声交谈,喧闹嘈杂,给所有的住户都安排了"叫醒服务"。到了晚上,10点、11点、12点,当电影散场时,观众们一边从电影院里走出来,一边大声地讨论着刚才看的电影。

"我每天享受美食和娱乐。"法茵娜开玩笑地回答,但这对她的姐姐没用。

"你为什么决定住在这样的小房子里?你一定是有什么

问题。"伊莎贝拉说。

到达这里的第一天，尽管是炎热的夏日，伊莎贝拉还是穿上了麻纱长袜、丝绸外套，戴了手套、帽子，并且喷了香奈儿的香水，然后告诉她的妹妹："法茵娜，我要去买块肉然后做晚餐。"

"不需要！"法茵娜惊恐地大喊。

那时苏联商品短缺，队伍排得老长，法茵娜知道这对一个毫无准备的长期居住在巴黎的人意味着什么。

"需要！我自己去买。"法茵娜回答。

"法茵娜，肉是需要选的，我会选。"伊莎贝拉骄傲地说着并朝门口走去，法茵娜像坦克上的潘菲洛夫士兵一样，径直冲向她并说："我和你一起去！"

"两个人一起去选一磅①肉，真是胡闹！"姐姐说着走出了公寓。法茵娜想让姐姐免受刺激，做出了最后一次尝试："但是你不知道我们的肉制品店在哪里！"

伊莎贝拉转过身来，高傲地微笑着说："你觉得我会找不到肉制品店？"

然后，她消失在了电梯里。

法茵娜扑通一声倒在椅子上，想象着这个常年住在巴黎的姐姐会遇到什么情况。但是，幸运的是，伊莎贝拉走

---

① 1磅=0.45千克。——译者注

过一个街道，便发现了一家小商店，招牌上写着"肉制品"。她朝里面望去，一群人挤在柜台旁边，非常热闹，满头大汗的肉商往秤上放了一块满是脆骨和筋脉的像肉的东西。收银窗口有一个染了发的肥胖的收银员，不停地对顾客大声叫嚷着。

伊莎贝拉侧身走到柜台前，对着肉商说："下午好，先生！你好吗？"

顾客们意识到，有一个免费的热闹可以看，他们就像被按了暂停键，所有人都安静了下来。甚至连肉商都没把下一份"肉制品"放到秤上。伊莎贝拉继续说："你睡得怎么样，先生？如果你失眠，你可以尝试一下睡前喝两勺白兰地，最好是轩尼诗……那你的孩子们怎么样，先生？你会惩罚他们吗？你不可以惩罚孩子，那样做会失去与孩子们的精神交流。你同意我的观点吗，先生？"

"是的。"不知所措的肉商终于说了句话，而且肯定地点了点头。

"我毫不怀疑，你看起来就像我的文学老师，你的脸上流露着智慧。"伊莎贝拉说。

肉商并不是很清楚他的脸上到底有什么，为了以防万一，他挥手擦了擦脸上的汗。

"先生，"伊莎贝拉转了话题，"我需要1.5磅肉，你这里有吗？"

"有。"肉商点了点头然后钻进了储藏室,他去了很久,或许他去找了一头小牛,杀了它然后切下一块肉。他带着一块已经称好并用纸包好的肉回来了。

"谢谢。"伊莎贝拉感谢了他,然后继续说道:"我会在每周二和周五的下午4点到你这里来,可以吗?"

"可以。"肉商第三次点了点头。

伊莎贝拉去收银台付钱,她指着收银员用过氧化物漂过色的扭得像一座笨重的塔似的头发说:"女士,你的发色在巴黎很流行,巴黎所有的女性都把头发染成金色。但是,你最好将头发散开,让卷发披在你的肩上,蓬松的卷发更能展示出你的美貌。"

得到夸奖的收银员开心地将两个食指贴在两个脸颊上,用力微笑着。

伊莎贝拉回到家打开袋子时,法茵娜发出了一声惊叹,她已经很久没有见过这么新鲜的肉了,很显然,肉商从自己的私人存货中切下了这块肉。

"肉是需要选的。"伊莎贝拉骄傲地说。从那以后,每周二和周五她都去肉制品店。每到那两天的下午4点整,肉商就会让收银员离开,并关掉店铺,在门口挂上"盘存"的牌子,在柜台旁边放上一把从古董店买来的大古董椅,让尊贵的客人坐在这里。然后伊莎贝拉会花好几个小时的时间跟他讲巴黎的生活,讲卢浮宫、埃菲尔铁塔、香榭丽舍大

　　道……而肉商用手托着头，倾听着这一切，听着听着，他的脸上会突然露出出人意料的、天真如孩童般的笑容……

　　　　　　　　　　　　　　　　　　《来自巴黎的姐姐》（节选）

　　　　　　　　　　　　　　　　　　　　　　　　卡涅夫斯基

　　2. 要接受谈话双方对发生的事情持有的不同看法，并且他们会以不同的方式讲述同一个故事。如果你与对方的看法不同，这仅仅意味着双方用自己的方式讲了这个故事，并不意味着他就是错的。如果出现僵局，那么意味着僵局的形成双方都有责任。谈判通常会陷入"是谁的错""谁承诺了什么"这样混乱的模式中。每个人都有自己的道理，都根据自己的想象和感觉采取行动。通常对方的感觉会和你的完全不同。一位参加培训的学员曾经问我如何与没有逻辑的人交流。其实我们应该明白的是，对方是根据他自己的逻辑和道理讲述自己的故事的。

　　我们打算修理房屋，维修团队跟我们非常熟悉，十年前我们刚买下这套公寓时，就是他们给我们做的装修。我们谈好了价格并握了握手，但最后修理费用却增加了。工头借口说是我委托他们只要不昧良心，随便做就行，不要节省材料。当然，我很愤怒，这算什么，怎么会这样，他（工头）有什么权力未经我的允许就花我的钱。问题在于，是我们俩共同造成了这种局面，我授予了他权力，但没有完全说清楚需要协商的内容，而这个工头却没有详细说明就使用了这个权力。与此同时，读过这个案例的人们，一部分认为我是对的，另一部分认为工头是对的。实际上，这并不重要，重要的是退出这种情感模式，理性地看待这件事，我站在自己角度来讲这件事，我的对手站在他的角度讲这件事。准确了解对手的看法和他的依据是非常重要的。

3．听完对方的讲话。不要打断，请听完。向对方提问并搞清楚他的看法。这几步正是能让你留在优势位置的通用法则的关键，保持情绪稳定，遵循与拉西奥先生一起拟定的行为法则。

一个39岁的男人阿尔乔姆带着一个问题找到我，更确切地说是一个很难的问题。和他结婚15年的妻子突然去世了，他们有一个12岁的女儿和妻子第一段婚姻带来的22岁儿子。当然，妻子没有留下遗嘱，公寓完全在妻子名下。阿尔乔姆还在为妻子哀悼哭泣的时候，他的继子与他的岳母进行了谈判，他的岳母同意将自己的那部分让给他的继子。结果，继子得到了一半的公寓继承权。阿尔乔姆怒火中烧，愤慨不已，他的继子怎么能这样做。我扮演了拉西奥先生的角色，帮助他梳理了利益关系。阿尔乔姆带着理解而非说服和争吵的宗旨开始谈判，去了解他继子的经历和争取公寓的理由。原来，是那个家伙想结婚，而他担心新娘不想和自己的继父住在同一个公寓里。继子最终提出，他会自己出钱给阿尔乔姆买一间一居室的公寓。故事到此结束。虽然这一切是从"勒索"和指责开始的。

下一章让我们从整体转向局部，来看看如何应对"怪物"的这些把戏。

第十四章

或留或走，或"勒索"

正如我前面所写，这些话我们每个人都听过多次，"要么你按照我的要求做，要么就不合作"或者"如果你不给我赔偿，我就给你差评，向你的领导投诉，我会去上诉"。只要你的对手坚信自己处于优势地位，这一切就会不断地发生。当然，谈判前准备是否充分会影响谈判的水平。但是你应该记住，遇到这种"勒索"情况的时候，你一定要找到好方法。

让我们来看一下政府官员经常给的建议："我们应当立即远离'勒索'者，切断与他们的联系。"例如，如果某个员工要求加薪，称竞争对手的公司给他开了更高的工资，他准备跳槽去竞争对手的公司，那么该老板应该请他立即写一份辞职申请；如果买家向卖家发送了一封信件要求降价，否则就以终止合同来威胁卖家，卖家应该毫不犹豫地回复终止合同。在此，我想要重提之前的一句话——战争时期与和平时期是有区别的。我们生活在和平时期，人们谈判的动机可能完全不同。

让我们来分析一种情况。妻子数落了她的丈夫，整晚都在批评丈夫收入低。最后，她的丈夫实在受不了了，就去找自己的领导，用妻子数落自己的话骂了领导。也许我们会说，商务沟通不允许这样，但我们都有可能犯错。

孔子曰："严于律己，宽以待人。"马克西姆·巴特列夫在他的著作《经理的45个文身》[①]中提出了一个值得注意的说法："先教，再训，之后才是惩罚。"我建议你记住这个顺序，然后在和"勒索"者的谈话中加以使用。

为了了解我们要怎么做，我们需要回忆一下什么是备用计划。例如，我们来分析一个员工"勒索"领导的情况。想象一下，一个项目的核心员工向领导发出最后通牒："如果您不给我加薪，那我就辞职。"在这种情况下，领导应该怎么做？让我们看看以下方法。

首先，准备好终止合同，然后启用备用计划。我解释一下：无论在何种情况下，即使你准备接受"勒索"者的条件，你也不能向对方表明你妥协了，一次都不行。只要你有一次立即答应了"勒索"者的条件，表现出了你的弱势，那么他就会经常来"勒索"你的。

---

① 俄罗斯著名商业书。无中译名。原名《45 татуировок менеджера》。——译者注

　　我总是对那些从事销售工作的人说不能立即让步。因为如果你在谈判的早期阶段就让步了，对手就会变成《渔夫和金鱼的故事》里那个老妇人，胃口会越来越大。因此，他以后会继续"勒索"你。此外，你的团队也会利用你。

　　因此，勇气是谈判者的基本素养。很多人担心合同被终止，担心损失钱财并丢失客户，所以都没有这种勇气。而一旦"怪物"感觉到对手的害怕情绪，他将会变得更加具有侵略性。

　　让我们准备好终止合作，然后启用备用计划。如果你突然碰上了这种情况又没有备用计划，你一定要在收到"勒索"和最后通牒的时候冷静一下，别急着接话。我已经不止一次地提到，停下来是最好的谈判方法。停下来是每个人都有能力在谈判中正确运用的不可或缺的方法。如果"怪物"对你发起进攻，向你发出最后通牒，请记下来，然后花点时间思考。如果这时"怪物"继续向你施压（"你现在马上决定……"），请你停下来，让"怪物"下次再来。你可以借口说自己无权独自做决定。这样一来，很多"怪物"都会觉得无法再说些什么了。我认为这是一个非常有效的方法。我经常在进行关键谈判时用到这个停下来的方法，作为初级合伙人，在必要时说："我需要同其他人商量后共同做出决定，之后我再将决定告诉您。"

　　为什么你需要停下来？首先，这是为了让"怪物"能够平静一些。例如，如果"怪物"激烈的反应是外界造成的（比如，妻子的压力、环境的压力、领导的压力或其他因素），那么冷静一段时间后，他过于激动的情绪也会得到缓解，这无疑是有利于接下来的谈判过程的。在这种情况下，这种停下来的动作实际上就是"教"。这时"怪物"会召唤出自己内心的拉西奥先生（对此他可能会承认或否认），拉西奥先生当然会给他一些正确的建议，例如，"我们现在合作得还不错"。

其次，你可以给自己一些时间，不用在情绪的压力下做出决定，给自己一个召唤出拉西奥先生的机会，看看双方之间谁的地位更强势，你是否有备用计划。如果你没有备用计划，那么你应该努力制订备用计划或考虑一下如何改善当前的情况。

作为案例，我们要详细分析一下情况。一个项目的核心员工找到老板并发出最后通牒。老板的第一反应是："必须辞退他！我不在意合同！"请老板再想一想：你是想辞退他还是想赚钱？在这种情况下，明确你想要什么非常重要。当然，辞退员工是最简单的处理方法。但是，如果老板仍然想赚钱，就需要保证项目顺利进行，那么老板必须确定以下几点：做出改变要花多少钱，要如何替换员工，如何进行下一步工作，是否有备用计划。如果无法替换员工就意味着要和"怪物"进行谈判，这时如果老板接受员工的条件，就一定要尽力达成互相让步的局面。比如："好的，我会考虑加薪这个问题，但是我要你在整个项目期间履行好自己的职责。"确保减少在弱势中让步的影响。接下来，让我们来研究如何正确地做出让步。

如果老板的备用计划比满足员工的要求更好，并且老板知道员工没有备用计划或备用计划比现状更差，那么老板可以提出辞退员工。

不久前，我的一位客户对我使用了"勒索"的方法。在管理层的指示下，人事经理与我进行了谈判并坚持要求我给她提供一个培训机会。这对我来说非常困难，我所有的日程都是提前一年就安排好的，要中途安排一个新任务非常不方便。人事经理在回复中发出最后通牒：我们不提供培训的话，她就找别的教练。我清楚地知道自己有一个备用计划，而她并没有，她收到的具体指示是要与我合作。我回答道："我可以给你推荐一位教练，但是我现在真的无法给出一个档期，因为真的没有时间了。"

再回到员工辞职的谈判上来。在老板知道自己的备用计划不好或者没有备用计划，并且无法在短时间内改善的情况下，老板就要转向第二点。第二点的关键在于，老板要委婉地向员工表明已经准备好了终止合同。例如，一旦出现"如果你不给我加薪，我就会辞职"这样的对话时，老板一定要同意并回答："好的，我也准备和你讨论这个问题。"

在与"勒索"者进行谈判的过程中，还有一个非常好的技巧就是第三方介入。某承包商已经为自己的一个超级大客户安装测试设备2年了。双方提前签署了一份规定工作内容和固定费用的为期3年的合同。之后没有出现延误和违约的情况。付款分阶段完成，每个阶段都进行了记录并在签字确认后进入付款程序。

突然有一天，承包商收到了一封这个大客户公司新任总经理的来信，信中要求降低20%的费用，否则就终止合同。

假设承包商成功将律师拉进了谈判中，接下来承包商该怎么做呢？承包商可以说："我们来考虑合作的可能性，让律师去讨论终止合同等事宜。"换句话说，就是委婉地表达这件事的两种解决方案。任何情况下，你都不要威胁对方说要终止合同，要离开或者不再合作，因为这些行为会引发一系列的后果。由此可见，在这种情况下，在谈判中引入第三方是非常合适的。

如果被"勒索"的是你，如果是你收到一封最后通牒信件，要求你立即答复，请不要急着答复，尤其是如果这封信是匿名信。还记得我说过要停下来吗？

我再举一个例子。2017年年初，一家大型连锁超市向所有的供应商都发送了一封最后通牒式的匿名信，基于美元对卢布汇率下降了10%，要求下调商品价格。

从经济学的角度来看这是不现实的，即使交易商品全是进口商品，价格也不会随着美元对卢布汇率下降而下调。

奇怪的是，很多供应商因为害怕而下调了价格。但有一些比较胆大的供应商回复说考虑一下。当事情平息之后，大胆的供应商回信清楚地表明了自己的立场。

胆小鬼只会妥协，勇敢的人才能赚钱。

> 　　一名男子走近出租车司机，看着车子问："嘿，你这车是什么奇怪的颜色？为什么'出租车'这个词写得一点都不清楚？为什么灯牌这么粗糙？"
>
> 　　出租车司机回答道："你是要灯牌还是要打车？"

　　这个笑话告诉我们什么？你应当直接问"勒索"者一个问题："你是想和我们终止合同，还是想让我们降价？"这样你可以问清楚"勒索"者真正的目的。

　　"勒索"者要辞职，你可以继续和他讨论离职因为你有勇气和备用计划。你可以直接问他："你真正想要的是什么？""你真的想和我们终止合同吗？"你问清楚"勒索"者真正的目的之后，可以接着和他讨论一下加薪，这表明你正在很努力地推进谈判，然后要求他也做出对等的让步。

　　有时候当我的公司处于优势地位时，我会有些不清醒。由于我有很多备用方案，所以我打电话给供货商要求降价，否则就终止合作关系。

　　供应商："伊戈尔，你是通知我们不用合作了，还是想和我们谈条件？"

　　我愣住了，感受到了对手的力量，被迫进行了合理谈判。

　　请记住，"勒索"者可能会愿意与你谈判。你要按我教你的这些方法慢慢来，当这些不起作用的情况下，我们再选择备用计划。

　　我也遇到过"勒索"者，其中一位是在我搬到莫斯科后招聘的销售经理，她是一位非常强大且比我年长很多的女性。因为她拥有很好的客户基础，她为我们公司的销售业绩做出了巨大的贡献，（我们公司第一阶段80%的销售业绩都是她的功劳）她是一个天生的销售员。当然，她对我而言就是一个"怪物"，销售"怪物"，交流"怪物"。总之，我们公司的命运掌握在她手上。因此，她经常要别人为她服务，还要干涉我的行动。我已经似乎不再是总经理了，她才是幕后的实权人物。我知道，不能再这样继续下去了。当她又来要求给她一些特权时，我叫停了。第二天早晨，我们又见面了，我问她："纳婕日达·彼得罗夫纳，请告诉我，你在公司是什么职位？"她愣了一下，然后说她是销售经理，要赚钱。我回答道："我建议你在不干扰公司管理的情况下继续工作，同时答应我们的条件。我要你把客户分享并转交给其他经理……"她打断我并反驳道："我不同意，那样我就辞职。"我说："纳婕日达·彼得罗夫纳，我同意你辞职。"听了我的话，她感到非常震惊，整个团队都非常震惊，我的合作伙伴也很震惊。所有人都要求我让她回来，他们认为没有她公司将会倒闭。但是我没有同意，因为我有备用计划：她被解聘的前一晚，我拿到了她所有客户的联系方式，并在当天亲自给每一位客户打了电话，然后去和所有能见面的客户建立了联系。是的，她离职之后，我们的销售业绩下降了30%，但是两个半月之后，我们的销售业绩增加了45%。此外，所有的员工都开始服从我的安排。

基于这个例子，我想再次劝说各位领导者，不要急于做出任何决定。如果你没有备用计划，你应该去做计划，或者你要清楚地知道自己将会面临的困难。并且无论在什么情况下，都不要表现出你的害怕情绪。

你要让"勒索"者回答清晰明确的问题，这些问题不仅能让你明白他的立场，还能给他泼一头冷水，让他清醒过来。

！

你要避免提问为什么，这是一个很棘手的提问方式。"为什么"这个提问方式让人很难回答，因为答案通常都是以"因为"开头。根据大脑思考的方式，人们一听到"为什么"就不愿意思考和回答问题。不要问别人"为什么你想离职"，最好替换成"你想换工作真正的原因是什么"。虽然意思相同但是后者更容易回答。尝试一下吧，相信你自己。

如果"勒索"者说："你如果不给我折扣，我就与你的竞争对手合作。"我会问："我如何能确定给了你折扣后，你就不会和我的竞争对手合作?"这个问题可以击碎"勒索"者的惯用伎俩。

我教你一些提问方式,帮助你与"勒索"者进行谈判。

1. 我如何确定如果现在给你涨工资,你不会过一个星期又来提出类似的要求?

2. 如果我不接受你的条件,你会怎么做?

3. 如果你站在我的立场上,你能接受这种最后通牒吗?

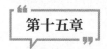

挑衅式轻视与忽略

在21世纪初，我与一家大型连锁店进行了谈判。每次谈判时，这家连锁店的采购员都把我的商业提案揉成一团扔进垃圾桶，他说我的提案都是胡言乱语。

"怪物"采取的典型手段就是轻视对手。比如，"怪物"在谈判的时候打电话给别人，直接忽略你；"怪物"一边盯着屏幕做自己的事情，一边假装听你说话；"怪物"让你在接待室等上很长时间。

如果"怪物"轻视或忽略你的时候，你该怎么做？你需要一个解决方案。你首先要做的就是保持耐心。这听起来容易，做起来难，我说一则笑话给你听。

曾经有一群老鼠，经常被欺负，于是它们向有智慧的猫头鹰求助。

老鼠问："聪明的猫头鹰啊，请帮帮我们，给我们一点建议吧。所有人都欺负我们。我们应该怎么做呢？"

猫头鹰想了想回答道："像刺猬一样，就没人敢欺负你们。"

老鼠们高兴地往家里跑去。途中，一只老鼠问："我们要如何才能变成刺猬？"

老鼠跑回来问猫头鹰："聪明的猫头鹰啊，我们要如何变成刺猬呢？"

猫头鹰回答道："伙计们，我说的是方法，不代表你们能变成刺猬啊。"

现在，我来教你怎么做。当然，你需要保持耐心。让我们来弄清楚，是什么让我们失去了冷静，让我们愤怒、着急和焦虑。我们缺乏时间，所以忘记了自己谈判的真正目的。据此，我教给你一些可行的方法应对"怪物"的轻视。

1. 记住自己谈判的真正目的。我已经说过，在准备谈判时我们就要在纸上写下自己谈判的真正目的，为什么要进行这些谈判，为什么要这样做，你想要什么样的结果。

2. 当你坐飞机或者坐车去和一个"怪物"进行谈判时，要安排好足够的时间。谈判是今天或者这周唯一要做的事情。当"怪物"拖延谈判时长，要求你等待时，你就不会着急了。

3. 当"怪物"在谈判时突然打断你或者使你分心时，你一定要保持沉默。当他再次开始和你交谈时，你一定要回到刚刚停下来的地方继续说："那么，我建议回到我们的讨论中……"

你还可以使用诸如"我们会面的目的是……""我建议我们再来分析一下……""请注意……"等这样的表达。所有这些话都能使"怪物"将注意力集中到问题本身。接下来要怎么做？一旦"怪物"分心了，你就要默默记住自己的目的，等到"怪物"做完了自己的事，你要说清楚自己的目的。为了顺利谈判，你也可以使用一些幽默的小技巧。我来讲一个例子。

　　某一次，我有幸与一位重要官员谈判。我到他那里谈判时，看到了这样的画面：这位官员像雕像一样，一动不动地坐着和我对视。我开始讲话，但他没有任何反应。我尝试着用问题开启对话。我开始说："这件衣服适合你……"这位官员完全像石头一样坐着，有时会说："请你继续……"我想，这种情况对大多数读者而言非常危险，因为你没有得到反馈，也无法让对手做出反应。在此，我们需要回忆一下，我在我的另一本书《克里姆林宫谈判法则》中写到的技巧，做你应该做的事，然后顺其自然。遵循这个方法，我继续聊天，但是我决定让对手参与讨论，于是我开玩笑说："你知道吗，尼古拉·斯蒂芬诺维奇，如果你对此不感兴趣，你可以直接像这样摇一摇头（自然地用你的头演示这个动作），我就明白了；如果你感兴趣的话，哪怕你偶尔这样眨眨眼睛，至少也能让我明白你有些兴趣。"这位官员笑了，然后我们继续谈话。注意！开玩笑要非常谨慎，每个玩笑被解读的方式有很多，因此，如果你不确定，就不要开玩笑。你说话和开玩笑的目的都是为了继续对话，为了引起对手的兴趣。

如何使用幽默小技巧？不久前，我的妻子在一所高校做研究。其中一位校领导反对我的妻子和一群学生一起做研究。因此，这位领导一直忽略我妻子：不接听她的电话，只通过秘书和她进行交流，总之，尽管高层领导下令让这位校领导协助研究，但他和我妻子一直没有进行过谈判。他们两人有一次将例行谈判定在上午11点，但到了时间，这位校领导没有赴约。我的妻子不知道该怎么办，她给我发了消息："我又被骗了……我11点就到了，别人不清楚他在哪里，也不清楚他会不会来……"如果我妻子当天留下文件就离开了，她和这位校领导之间的矛盾将无法解决。我说："斯维塔，做你该做的，然后顺其自然吧。"然后我妻子拿了一本书坐在接待室里看书，整整半小时后，这个"怪物"领导接见了她，他俩的矛盾得到了很好的解决。

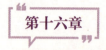

无底线讨价还价

　　有一次，一个神情严肃的连锁店采购员对我说："再也没有人能比供应商自己更会从供应商那里榨取利益。"这是什么意思？知道自己处于优势地位的有经验的"怪物"，通常会使用几句话来迫使对手让步。哪些话呢？"怪物"会说，"你比你的竞争对手好在哪里？""你有很多竞争对手……""你没什么特别的……""我有一个比你更好的方案……"请思考一下，当我们听到这样的话时（不论是销售、招聘还是谈判），我们会想些什么？90%的人会开始恐慌，其中一个原因是：每一个参与销售和谈判的人都知道，你有位竞争对手，而这位竞争对手销售的产品更好或提供服务的价格比你的更便宜。当然，只要"怪物"使用了一次这个技巧，他就会不断使用，你就会掉入这个圈套。这个技巧非常厉害，"怪物"可以用它来要求你做出不必要的让步。

我来讲一个例子。不久前，关于购买宝马5系汽车的议价事件一度在网上受到很多人关注。

一位顾客正在考虑购买宝马5系2014款旅行车528i xDrive M运动型，因为这款汽车是以捆绑套餐的形式销售，所以所有的经销商厂库里的汽车套餐价格完全一样，大约300万卢布。

这款车套餐的建议销售价格为337万卢布。这位顾客想要以265万卢布的价格购买。

顾客问道："可以吗？"

最初销售员愣住了，左眼抽搐了几下，但经过一番思考后同意了："为什么不呢？两天内付款吗？"

根据以往的交易经验，销售员知道271万卢布是经销商的底线。最近市场行情不好，271万卢布算是最低价了。

顾客也是一个不简单的人，他非常了解所有销售员的伎俩，他的报价甚至低于271万卢布。

顾客想以265万卢布买到一辆没有额外服务的汽车，这有多么硬核。

销售员决定直接找经销商压价。

销售员先找到1号经销商联络中心。

销售员找到一位经理，告诉经理顾客的需求和预算，经理礼貌地微笑着说："好的，我们一定尽力做到这些，请问您是喝美式咖啡还是卡布奇诺?"

然后经理开始微笑着浏览电脑屏幕。几分钟后,经理瞪圆了眼睛,脸上微笑的表情不见了。但是她克制住了自己,只是客气地说:"不行,我们无法给您这样的价格。"

最后,1号经销商联络中心给出的价格是279.9万卢布。

销售员来到2号经销商联络中心,那里的经理立刻意识到发生了什么,于是快速而巧妙地拒绝加入这场价格战中。

2号经销商联络中心立刻报价275万卢布,承诺会再考虑一下。

销售员来到3号经销商联络中心。"砍价?"经理只在电脑上翻了大概1分钟,然后就回答,"不行!"

销售员最后来到4号经销商联络中心。他们没有让销售员失望。

销售员表示现在得到的最低价是268万卢布。经销商表示需要考虑几分钟。之后经销商报价266万卢布,另外赠送汽车内垫。就是这么简单!

经销商没有让销售员提供商业报价,也没有核实报价是否真实。他们没有为了一点小钱与领导层协调,还附赠了汽车内垫。

4号经销商联络中心处理事情非常迅速和专业:这样做是为了让买家和卖家都感到高兴。

最后,销售员立即付了定金,与经销商初步签订合同并得到了折扣证明。

5号经销商联络中心很吝啬，他们甚至都没有翻看一下电脑，就立即说："不!"

最后，销售员来到6号独立经销商处。与他们合作并不容易，但结果是好的。

销售员到了之后没说话，拿出折扣证明，销售经理请求给他20分钟，提议让销售员在咖啡馆等候。

卖家永恒的困境：压过竞争对手的报价很难，但也不想放走顾客和钱。

销售经理召开了会议，最后做出了一个非常不容易的决定：

265.9万卢布（比付定金的那份订单便宜了1000卢布）。

销售员不满意："265.9万卢布?"

而接下来你能清楚地看到：几秒内在一个人身上发生的事情，比一年发生的还多。挣扎、分析、评论，销售经理做出了一个毫无疑问且别无选择的决定。

销售经理很纠结，思考片刻之后，用红色马克笔将265.9万卢布改成了264万卢布。

我要特别提一下：从265.9万卢布到264万卢布，这个报价对每个人来说都非常不容易，好在结果让每个人都很满意!

从以上案例我们可以清楚地看到，买家是"怪物"，即处于优势地位，买家采取了一定的欺骗手段，要求汽车经销商给他很高的折扣。而这样的情况经常发生。尊敬的读者可能会说："没给折扣的那些经销商一定会有所损失吧。"当然有损失。但卖家给折扣的时候需要思考，买家是否会带着折扣去找自己的竞争对手，引发价格战。21世纪初期，酒精饮料行业就几乎在价格战中阵亡了，买家并不比较价格，而是比较卖家折扣的力度。卖家的竞争对手比卖家的折扣力度大了15%，那么不管价格是多少，买家都会讨价还价。卖家给的条件越好，卖家的竞争对手就会给出更加有吸引力的条件。

最近我经历了一件有趣的事情：我打算为一座郊外别墅订购百叶窗。测量员完成测量之后，我收到了一个报价。一个年轻人打电话给我："伊戈尔，您好，您看见信件了吗？"

我回答："是的，我看见了。"

然后他询问："您觉得这个报价如何？"

虽然我心知肚明这个价格很好，而且当时我没有收到其他报价，但我还是回答："价格还可以再低一些。"

那个年轻人立即回答："是的，是的，这是一个基础报价。我知道我们的价格不是最低的，正因如此，我们准备给你折扣。"

你现在或许会嘲笑卖家的销售策略。但是，我向你保证，谈判中99%的卖家或其他谈判者都会这样压价。"罪魁祸首"正是我们买家。

我再讲一个有关竞争对手的谈判故事。有一次，一家大型银行邀请我去参加方案竞选。会议议程已定好，我到达办公室的时候，那里已经有3个人了。我不知道他们是谁，但他们显然认识我，因为他们看到我时，互相交换了眼神。紧接着甲方代表走进了办公室，就是那个能够决定与谁合作的人，他对我们进行了介绍（实际上我们是竞争对手），然后趾高气扬地坐下，说："现在你们开始说服我吧，我应该选谁？"

谈判一开始，场面很难用语言来描述。我的竞争对手开始互相指责。如果你们遇到这种情况，会怎么办？我想给你们推荐两种方法。

第一种方法：你需要寻找依据、进行比较分析以及尝试说服自己。

第二种方法：当你听到"怪物"问"你比你的竞争对手好在哪里"时，可以这样回答"我没有将自己与竞争对手进行比较……""比较是你的任务，而我的任务是展示与我合作能给你带来的好处"。

请思考一下这两种方法。对我而言，如果在工作中遇到耍无赖的甲方时，我会采用第二种方法——不将自己与任何人进行比较，而是讲明自己能给甲方带来的利益和好处。

让我们说回刚才那场方案竞选谈判。谈判进入白热化阶段，我知道我不能继续待在这个地方了。我看了看我对面的人——是他邀请的我，我把自己的报价留下并对他说："尊敬的先生，我建议你现在听完尊敬的竞争对手的发言，再做出决定。如果你有意愿与我讨论报价，我会随时前来，和你单独讨论与我合作会给你带来哪些好处。为了以防万一，我将我的整个方案留给您。"在此之后，我礼貌地道别离开了。2小时后我接到了一个谈判邀请电话，在这场谈判中有更多订购方的高层人员出席，最后，我的方案胜出了。

当我们被问到"你比竞争对手好在何处"这个问题时，你需要让自己摆脱问题的限制并回答："请允许我向您展示与我们合作的好处，而您可以自己进行比较并做出决定。"另外，我还会采用一个看起来强硬的回答，对于我好在哪里这个问题，我会回答："我不跟任何人比较。"

只回答那些与你有关的问题才是对你有利的，只说与你自己、与利益相关的事情，表明你能带来的好处，无论如何也不要进行比较。

对于从竞争对手的对话中撤出来这一点，还有一个必不可少的办法就是"部分同意"，这一方法我在《克里姆林宫谈判法则》一书中有详尽描述，我也会在此简要说明。该方法是基于本杰明·富兰克林的重要原则："如果你总是争辩、反驳，也许偶尔能获胜，但那是空洞的胜利，因为你永远得不到对方的好感。"

该方法的关键在于同意对方的部分观点。向他表明我们是一起的，我们是统一的。俄罗斯总统弗拉基米尔·普京经常采用这种方法，在回答一些棘手的问题时，同意对方的部分观点："是的，反对派是个重要的问题，我建议要更详细地探讨""的确，这是一个重要的问题"。采用这种认同法时，我们不与对方争辩，我们只表达自己的谈判意向，愿意讨论出现的问题。

!

　　许多人都会注意表示同意的形式，他们认为"同意"这个词是有魔力的。实际上，你是如何表示赞同的，是说的"我同意""或许吧"还是"是的"都不重要，重要的是点头，表示你准备接受和听完对方的观点。我建议你避免"我同意，但是……"这样的句式。这个句式并非表达赞同，而是用于表示反对的。

　　对于"你的竞争对手价格更低"这句话，最好表示认同并回答："的确，我们价格有所不同，请让我来展示一下您与我们合作能得到的好处。"或者只是承认你有很多的竞争对手。

　　还有一种形式，也就是前文提到过的"拔刺"。谈判开始时承认那些对手所知道的自己的弱点。"拔刺"就是主动承认，而不给对手机会操控你。

　　销售在线课程时，我们对潜在客户说的第一件事就是"我们的课程是很贵的，你想知道为什么吗？"这样一来，客户就无法在谈判最不恰当的时刻提出价格贵。与"怪物"谈判时，我强烈建议你在谈判之初就使用这个方法，把自己这个缺点，这个被对手视作王牌的弱点摊开在桌上。

2010年年初，我们为公司发售了一款全新的产品——四角包装盒葡萄酒。第一批产品失败了：我们没有考虑到箱子的问题，将产品交付给客户时，外观会发生损坏，出现包装破裂、葡萄酒洒在包装盒上的问题。我们解决了产品缺陷问题，但是我们的销售经理抱怨说，经销商和连锁店客户以我们的竞争对手的包装更好为借口，拒绝再次购买该产品。实际上，所有葡萄酒公司的包装都差不多，对于这个价位的商品，花很多钱在包装盒上是不切实际的。在与商家交谈后，我们做出一个决定——在致电客户之初就使用"拔刺"法，先说："我知道，您认为四角方盒容易破裂，酒会洒出来，带来一系列的问题，其实我第一次看到这种情况出现时，也非常震惊。但你必须认同，如果你要在包装上下功夫，那价格就会上涨，但控制价格也非常重要。"在这之后我们通常会做出一个短暂的停顿，然后我们的经理继续说："我们的技术人员已经想出了货物装载的办法：在把包装盒装进箱子之前，我们会先用保鲜膜将它们盖上然后再装成一排。"我必须告诉你，销量会瞬间上升，损坏也会降到最低。

与"认同法"不同的是，在使用"拔刺"时，可以使用表示反对的"但是"这个词。

不久前，我打算为自己买辆汽车，是的，我采取了自己熟知的行事方法：比较汽车的价格，迫使汽车店之间互相竞争。因此，我到了一家汽车店之后，对他们说其他几家汽车店里的汽车价格更有吸引力，那个销售员完全没有在意我的说法，回答道："尽管如此，但你还是来了我们这里，那么我建议你可以考虑一下我们的条件和我们的汽车。"她非常友好地继续和我交谈。最后，我就在这家店购买了汽车。

因此，为了谈判能顺利进行，竞争对手在有形或无形之中参与到谈判过程中，这时你应该采取以下两种方式之一：

• 消除自己——让自己退出谈判过程，给对方留一个单独与你谈判的机会。

• 消除谈判中的竞争对手——继续与对方谈判，不在意那些有形或无形中存在的竞争对手，只谈论自己并只回答与自己有关的问题。

提高音量，毫无根据地指控

每个人的一生中至少都会碰到一次使用上述谈判手段之一的谈判者，有的谈判者大声说话给你增加压力，有的谈判者用你没有做过的事来指责你。

为了清楚起见，我以自己的生活实践为例讲述本章话题。正如我已经提到过的，我们的产品包括四角包装盒葡萄酒（运输方面很不牢固，但十分畅销且需求量大）。而且我们送货的方式一直都是自提，什么意思呢？就是一家公司从我们公司购买产品后，需要到指定地点自行取货。运输上我们唯一需要做的就是让我们的员工正确装货并在验收报告上签字。当然，我们公司一直都执行这些要求。但是，有一天我们的产品运输发生了不愉快的事情，我们发到符拉迪沃斯托克的一部分集装箱，都是按照要求装载和转移的（数量、质量和包装完整性上均合格）。但是，当货物到达指定地点时，发生了意外的状况（部分葡萄酒流出，包装严重损坏）。我们的合作伙伴在收到这样的产品之后，企图在谈判时用尽各种手段"勒索"我们，同时使用了声音技巧（提高音量）：他对着销售经理大喊，指责经理，一口咬定是因为装货过程出现了错误才导致这种不该出现的情况。我们是供应商，不对货物的运输承担任何责任。并且，订购公司的代表也在装货现场看见了我们是如何装载和转移的。尽管一切都很清楚，但要真的证明自己是正确的相当困难。"为什么呢？"你们会问。一旦我们拿出反驳证据，努力让对方相信我们在这件事当中并没有任何错误，一切就会像爆发的火堆一样激烈地燃烧。越来越多的指控朝我们涌来，对方甚至说经常与我们公司发生各种不愉快，无法再与我们合作，说我们是最糟糕、最不负责任的供应商。换句话说，是我们的反驳激起了对方越来越强烈的好斗心理。

我们来分析一下弱者试图击退每一次进攻时（这种情况是非常危险的）的对话。来设想一下：

——这是怎么回事？谁允许你这样做的？！（提高音量）因为你的错误这些葡萄酒完全都不能用了！

——等一下，但是你的工作人员在装货时接收了这些产品……

——你在说什么？这是你的责任！是你应该注意的事情！

你的搬运工真是笨手笨脚，他们什么都不会做！

——等等，但是我们完成了所有的要求，并且你们的员工也在签收单上签字确认了……

——什么签收单？你胡说八道什么呢？没有哪个公司像你们这样……

这种对话可以持续很长时间，而且越继续就会越像一团火，你不仅是往里面加氧添柴，甚至是往里面倒油，让这团火燃烧得更加猛烈。

为了有效地与"怪物"进行谈判，我推荐使用以下三种方法：

方法一：耐心倾听法

耐心倾听法包括三个步骤。

1. 耐心听完所有的攻击和指责。也就是说，即使你的对手揪着你没有做过的事情攻击你、指责你（即使这种指责是毫无根据的），你也需要听完，无论这对你来说有多么艰辛！！！我在此用了三个感叹号是为了让你知道，你不要假装听，而是要真的全部听完。许多人（尤其是在培训中）会说："啊，当对手沉默时，人们会被激怒的。"是的，这时人们会被激怒，但是如果你只是假装在听，而实际上注意力集中在自己内心的声音上，并且自己内心的声音在告诉你，对方说的都是不对的、对方在说谎，同时觉得莫名其妙，他有什么权利这样污蔑你，那么这就是在火上浇油。为什么听对手的讲话如此重要？你在倾听对手而不是自己内心的声音时，怎么会生气？

！

　　一定不要假装在听，实际上却在想自己的事。无论多艰难都要倾听对手。这将在以后给你带来巨大的优势。

　　2. "怪物"往你身上栽赃的所有错误指控，你一定要记住其中最容易被反驳的论点，并用事实彻底粉碎它们。让我们再次聚焦伟大的军事家、政治家孙武提出的概念"虚"和"实"。在谈判中，"虚"是指没有任何证据的、毫无根据的观点。"实"是指浮于表面且所有人都准确地知道，无法反驳的事实。"实"是不需要证明的公理。换句话说，最容易反驳的论点就是与"虚"有关的论点。而你要用于粉碎这个论点的依据一定要是"实"，这样才不会被质疑。这正说明为了听到这样的"虚"，你需要倾听对方，而不是只关注自己。

　　3. 在一个停顿的间隙"扑灭大火"。也就是说，不要去粉碎最令人反感的或第一个论点，而是去粉碎你前面记下的最容易反驳的"虚"的论点。粉碎它时，我们早晚都会听到质疑的声音，但我们有权不回答。

　　还有一个罗伯特·西奥迪尼提出的与之相近的法则，他经过了大量的研究得出：用于否定对方的反证要比正面论证强大得多。顺便说一下，将这个结论与孙武的概念相结合可以得出：谈话中，后说话的那个人更有机会获胜。你们每个人一定都遇到过这样的情况：当你开始提出论据时，对手会用一些荒唐的话来回击，例如："那又怎么样？""事情不是这样的！""你根本没有搞清楚！"即后说话的那个人反驳了你所有的论据。上述的耐心倾听法正是基于"谈话中，后说话的那个人更有机会获胜"的法则，在这个法则中，反面论证比正面论证要强大得多。因此始终记住，没有柴，火就无法燃烧起来，不要往火堆里扔柴，更不要往火堆里倒汽油。

　　在上一段对话中，如果用耐心倾听法，会是什么样子的呢？让我们来模拟一下客户来电的场景。

　　——你在做什么？！这真是不可思议！因为你，我们现在损失惨重！到货的产品已经完全用不了了：所有的包装盒都坏了，葡萄酒像泉水一样流出来！你的装货工根本就不会装货！这是你的责任——你应该送货到我们的仓库！

　　让我们来看看在上述观点中，最站不住脚的一点是什么。当然，首先想回答的一定是最令人不愉快的那一点（说我们的搬运工笨手笨脚以及其他类似的话）。

但是，最站不住脚的论据是"你应该送货到我们仓库"这句话一说出，一旦你等到了对方停顿的间隙，就要非常冷静地反驳：

——我们的责任是根据清单装货，并将货物转交给你们公司的员工。这些我们都完成了。你现在要看一下你们公司员工签好字的签收单吗？

这样就粉碎了对手的论据，然后可以在此基础上进行接下来的对话。如果你的对手再次攻击（你要相信，他会的），耐心倾听法将再次为你提供帮助，而第三次，基本上不会再发生了，因为即使是最冷酷刚硬的"怪物"也已经明白，他在撞一面无法撞破的水泥墙。

方法二：适时打断法

你的对手不仅毫无根据地指控你，而且还提高音量对你说话时，这个方法非常有效。你应该直接明了地告诉对方，你对他说的话和他做的事感到不满。同时，用复数形式表达也很重要，即你要说"我们"而不是"你"。例如：以用这种语气谈判，那他们就无法和我们继续下去了。如果你有足够的勇气，就可以这样说（要记住，谈判者应该是勇敢的人）。

在这种情况下，有两种方式可以打断你的对手：既可以很强硬，也可以很委婉。强硬打断是针对你的对手的，也就是说要表明他在攻击你，例如：你的观点没什么建设性意义，你反对我们的决定，因此你的行为是在破坏谈判，请你回到我们的谈判主题，否则我们将停止谈判。而委婉打断对方的形式如下：很遗憾，我们只顾着互相指责，这样我们将很难实现目标。我建议我们回到谈判主题上来。请注意，在委婉打断法中要使用的正是复数形式——我们只顾着互相指责了。选择强硬打断还是委婉打断要根据情况而定，同时不能忘记，你要一直保持勇敢，要做好被拒绝的准备。

我曾遇到过一种情况，在使用适时打断法时，我将方法进行了简化，让它变得十分有趣，在此很高兴与你们分享。

我曾代表银行与一家大型企业进行谈判，该大型企业的代表是个重量级人物——俄罗斯联邦安全局前领导（谈判艺术中的"怪物"和重量级人物）。由于银行的员工无法胜任谈判，因此我受邀通过谈判阻止破坏企业与银行关系的负面行为。而且对方代表不断扬言要中断关系来挑衅我们、抓住各种错误指责银行，几乎就是他们"正当业务"的侵略者。他每五分钟就说一遍这样的话，例如："你这个侵略者，你想霸占我们公司，我总会让你暴露出来的……"

我在谈判中的角色是制止这些攻击及其提高音量的说话方式，所以我有了一个想法，将适时打断法简化为说话的同时做肢体动作。这该怎么做呢？

　　请把你的手掌放到桌子上，然后稍稍抬起说："停！"请注意，用你的身体做出这个短暂的动作，并清楚地向自己和对手表明必须停止这种行为。由此可见，你们此前所读到的适时打断法可以归纳为我做的"停"这个小小的动作。每一次当我的对手对我们大声说话，指责我们是侵略者时，我都会稍稍抬起手说："停！让我们回到我们谈判的主题上来，请你不要偏题。"也就是说，我的任务就是制止对手并时刻让他回到谈判中来。附上一条重要的注意事项：几次这样的动作之后，我甚至不需要说出"停"，因为我的手势——抬起手并把头稍微往前倾（请尝试一下，这是一个简单的练习，你也可以轻松做到），已经能向对手表达之前用语言表达的内容——停！这样我们将无法继续，请回到讨论中来。

　　我想强调的是，我在谈判中使用这个方法之后，谈判逐渐回到了正轨。因为对手在这种情况下的谈判角色是"怪物"，他将表现得很野蛮粗鲁，所以他自己很清楚，这样下去我们的谈判将无法进行。

方法三：贴标签法

　　直觉中，我很早就知道这种方法了，而且正如我的密友所说，我对这个方法的使用很专业。但最近，我从《强势谈判》一书的作者之一，美国作家克里斯·沃斯那里听到这个方法后，我才真正意识到了这个方法的力量。

标签是一种强大的武器，在我教你们这个方法前我要先回答三个问题：为什么贴标签？贴什么样的标签？如何贴标签？

我们使用贴标签的方法，对手会表现出以下两种行为中的一种：

1. 对标签的否定和拒绝。

2. 接受标签中的角色并按角色定位行事。

每一个人都有自己的角色并且会按照自己的角色定位行事，或者相反地，抗拒这个意在让我们沉浸其中的角色。对经验丰富的谈判者而言角色有着重要的意义。

如果谈判者拥有判别角色的能力，那么他就可以提前预测他人的行为，根据这些信息来确定自己的行为。这样做通常会十分顺利。要知道，如果我们将一个人置于一个特定的角色中，那么他迟早会按照这个角色行事，或者开始抵抗。

角色的重要性常常被忽略。如果我们在谈判中被视为一个渺小的角色，即"依赖性"角色，那么我们会立刻开始寻找出路，提供极其有吸引力的条件，做出某些让步。这一切都是因为自己很想摆脱这个角色。所以，我们要学会如何进行谈判。如果被贴上"可以与之谈判的人"的标签，我们会变得更容易商量。

贴标签是为了让对手照着我们的计划走，或者是为了迫使对手抵抗让自己不愉快的角色。

现在是时候回答"贴什么样的标签"这个问题了。

你可能已经注意到了，标签有两种类型：负面标签和正面标签。负面标签，这会迫使人们反抗给定的角色；相反地，正面标签会使人们根据角色定位来决定自己的下一步行动。

在谈判中，如果对方提高音量大声讲话，你既可以使用正面标签法，也可以使用负面标签法。事先想一想你打算得到一个什么样的结果。如果你需要缓解过于激动的情绪并迫使对方轻声说话，那就使用正面标签法；如果你的目的是逼迫对方着急、生气、找借口，那就使用负面标签法。

上述的葡萄酒事件属于那种需要缓解过于激动的情绪的情况，因此应该说："我认为你是想找到这个问题的解决办法。"从而促使对方按照"寻找解决办法"的角色定位行事，而不是"要求吵一架以恢复名誉"。或者也可以试着让他紧张，然后找借口"看来你像是在逃避自己对运输所应承担的责任"。他显然不会完全否认自己的责任，并且会接受（尽管是部分的）他和他员工对所发生事情的责任，你要在这时截住他的话。

!

　　选择要贴什么样的标签之前，好好想一想，你希望对方有什么样的反应，然后为下一步做好准备。

　　接下来就是"如何贴标签"？你一定已经注意到了，我相信我的读者们非常注意贴标签的方式。使用这样的句式非常重要："看来……""这听起来像是……""嗯……看起来像是……""我觉得你很担心……""你一定很担心……""我的感觉是……""从你的话里可以得出结论……"。

　　最近，我收到一位课程参与者的愤怒投诉，他要求给他提供两个月前就已经结束的课程。根据课程要求，这是不可能的，所有参与者都是签了协议的，协议中已明确规定，及时上交作业才能满足这一要求。

　　下面是我们的对话：

　　——没有人提前告诉过我，这是一个骗局。我要去起诉你们，我要求退款。你们是在骗人。

　　——纳瓦尼，我感觉你的目的并不是要胜诉拿钱。（贴上的第一个标签——他有别的目的）

　　——我想把一切搞清楚，我想要一个公道。

　　——我自己得到的结论是，你想完成培训？（第二个标

签——他是想完成培训的人）

——是的，我喜欢这个培训，但是我当时在出差，无法按照时间表参加培训。

——也就是说，你因为工作原因违反了课程规定？（第三个最终的标签——违规者）

——……

——纳瓦尼，让我来向你介绍一个方法，这个方法可以帮助你以特价买到剩余的课程。

从对话中你可以看到，正确使用贴标签的方法可以让人摆脱情绪化行为。

因此，尊敬的读者们，让我们来总结一下上述的所有内容，再做一个总结：当"怪物"提高音量反对你，并对你进行毫无根据的指控时，你可以采用以下方法。

一是耐心倾听法。要记住：没有柴，火就无法燃起来。特别需要注意的是，如果现场有其他人，这种方法的效果会非常好，也就是说，除了你们两个之外，还有其他人会因为你强压对手的观点而获利。因此，耐心倾听法可简化为以下几点：①耐心听完所有的攻击和指责。②记住最容易被反驳的论点。③在一个停顿的间隙"扑灭大火"（推翻你记住的最容易反驳的那个论点）。

二是适时打断法。你可以采取强硬或委婉的方式，轻松地中断对手的攻击。在这种情况下，最好语言和肢体动作同时进行，说："停!"

三是贴标签法。如果你想让对手接受你为他选择的角色，就使用正面标签法；如果你想逼迫对手抵抗和生气，就使用负面标签法。

第十八章

别无选择的问题

谈判者常常掉进这样的陷阱：很快给出一个回答，然后就很难解释自己还有别的想法，总的来说你被误解了。例如，"怪物"们经常说："你不相信我们吗?""你怀疑我的人品?""你要对自己说的话负责吧?""你对这些问题很在行是吗?""你可是专业人士，你有什么不知道的?"或者其他更尖锐的问题。

我的建议显然引得大家消极情绪弥漫。你会想，怎么能这样！如果我像这样停顿了，那么我的对手就会觉得我惊慌失措。这时你就需要自己决定哪种表现更好了：是显得惊慌失措，还是立刻给"怪物"一个答案，然后掉入陷阱。一些作者和商业培训师都费尽口舌地说不能停顿，说这会暴露弱点，谈判中"怪物"会利用它。实际上，用"你应该接着他的说""你必须表现得很有能力"这种错误的方式来回应对方，才是最危险的建议。

　　有一次培训时，一个年轻人疯狂地想证明不能停顿，否则你的对手会觉得你很无能。于是我不得不提出一个能让他清醒过来的问题："看起来无能和真的无能哪个会更好？"这个年轻人很快就明白了一切。如果到现在你仍然认为应该毫无迟疑地回答"怪物"，那么请你停下来想一想这个问题。

　　总之，回答挑衅问题之前，应该先停顿一下，想一想，请记住克劳塞维茨的建议："时间是防守者的守护天使。""怪物"越是急着催促你给出回应，你越应该多停顿一会儿。顺便说一下，应该停顿多长时间呢？这完全取决于你自己，一旦你明白了自己想要通过这个回答得到什么样的结果，你就可以立刻开始讲话了。

　　回答挑衅问题的通用方法是"停下来，决定接下来要怎么做，然后回答"。请不要跳过前两个步骤，否则后果可能非常严重。

　　关于回答，在此提供几个方案。

听而不闻，让"怪物"回到谈判主题上来

　　并非所有的对话都需要回答，也不是所有的问题都需要回答。我们为客户提供了延期付款的服务，但客户常常违反规定，再度延期。我们不得不谈判，这时我们经常听到的话就是："你不相信我吗？"经理们沉不住气的回答会让我们回到等待付款的

境地。教会前去谈判的员工"听而不闻"这个方法后，很多事就会回到谈判主题上。对话看起来也不同了。

　　——你已经有很多债务了，如果不付款我们无法再给你运送货物。

　　——等等，我们已经合作这么多年了，你难道不相信我吗？

　　——让我们回到付款这个问题上来，你要等到什么时候付款？

　　大多数情况下，"怪物"会明白这个把戏已经失败了，然后他会放弃这种手段，但也并不全都是这样。为了让对手放弃继续玩把戏的想法，你应该将对话往你感兴趣的方向上引导。下面这些转移方向的话可以帮到你："我建议我们回到……问题上来。""让我们来继续讨论……""让我们再来分析一下……"这些话的目的在于将对手引向有建设性的、具体的谈判方向上来。

　　我应邀去俄罗斯一家银行参加谈判。这家银行不仅要进行培训，还要开发并推出一套完整的培训系统。开发这

个系统的价格非常高而且风险也高。对方的与会人员都是
高层管理者。在谈话的某一刻，端坐在中间座位上的"怪
物"打断了所有人，转向我问道：

——是你亲自编写的培训程序吗？

——是的。

——那为什么有这么多的语法错误？

我避不作答。但在一个短暂的停顿后，我决定不回应
他的攻击，而是转移对话方向。

——我之后会进行审查的。我建议我们回到这个程序
的本质上来。

这是一段决定性的对话，这个对话让我拿下了培训系
统合同。

有时对方会再次进攻，对方会再次提问并特别强调，
这时你就要直接或间接地让他明白，你已经识破了他的把
戏，不打算继续陪他玩这个把戏。

——你已经有很多债务了，如果不付款我们无法再给
你运送货物。

——等等，我们已经合作这么多年了，你难道不相信
我吗？

——让我们回到付款这个问题上来，你要等到什么时
候付款？

——也就是说，你不相信我？

——我们现在谈论的话题不关乎信任，但你已经两次提到了这一点。请让我们来讨论付款的问题，好吗？

你看到的这个回答属于中等强硬。方案中强硬度分为三种：初等、中等及高等强硬。你需要选择自己要做出什么强度的回应。

初等强硬：看着他的眼睛然后微笑着说，"我们都明白，这不是信任的问题。让我们继续讨论供货和付款的问题吧"。这样说的意义在于，我们巧妙地暗示了困难的处境。

如果对方问："你是没有能力吗？"你可以回答："我们都很清楚，问题不在于我是否有能力，而是在于……"

如果对方问："你很弱吗？"你可以回答："我们双方都很清楚，我弱不弱这个问题并没有什么意义，我不会做让自己受损的事情，我们不要再继续这个话题了。"

不用把这些句子背下来，你更应该做的是理解它们是如何构成的，然后发掘出一套自己的模式。

中等强硬：直接让对手明白，他的攻击没有任何建设性的作用，你也不会中他的圈套。

一位培训课参与者告诉了我一个故事，一次会议上，她在报告自己所在部门的情况时，一位对她态度极为不好的领导打断了她的话："你这是在故意误导我们?"想象一下，如果快速回答他，会发生什么? 她会回答"没有"，然后她就会被贴上一个缺乏训练、不会检查报告的标签，但如果回答"是的"，对女孩也不利，因此她短暂地停顿了几秒，然后回答："你在用与主题无关的问题将我逼入绝境，我准备回答的问题只与我的报告相关。"

应对方案是：我们要让对手明白，我们不会回应他的攻击，并准备继续下一步的谈话。

如果对方问："这个问题你很在行吗?"你可以回答："我不打算讨论我在不在行的问题，而是打算继续和你讨论我这个项目的细节。"

如果对方问："你很弱吗?"你可以回答："这个问题我不会回答，因为这是在挑衅我。"

做出回应后，不要忘记试着将对手引向建设性的对话方向上来。

高等强硬：直接明了地告诉对方，你知道他在挑衅你，而你并不会被激怒。和"怪物"的谈判中，这当然是危险的一步，但在多数情况下这都很有用。

> 我曾与一位非常重要的官员谈判，这次谈判将决定是我的客户还是他的竞争对手拿下合同。在一轮例行谈

判中，当我和我的客户正在将谈话方向往我们这边带时，这位官员感受到了自己地位的优越性，他说："据我了解，你是打算利用我们发财吧？"

当然，我们已经做好了准备，所以对这次攻击听而不闻，于是他又说了第二遍："你还没有回答，你是想利用我们发财吧？"

我说："尼古拉·安德烈耶维奇，你重复了两遍这个挑衅的问题，你这是故意想把我们逼入绝境，想套我们的话吧。我们还是回到刚刚的工作中来吧，如果你对价格构成感兴趣，那就让我们继续为你提供详细信息吧，好吗？"

官员沉默了一会儿之后说道："请你继续吧。"

我不确定这段插曲是否起决定性的作用，但最终我们拿到了合同。

如果对方问："你会对自己的话负责吧？"你可以回答："你现在是在故意挑衅我们，想让我们犯错，你已经重复过两遍这个问题了。"

如果对方问："你很弱吗？"你可以回答："你已经第二次特意提出这个问题了，你是想让我掉进你的陷阱里，对吗？"

如果对方问："你们都是专业人士，还是只是看起来专业而已?"你可以回答:"你已经第二次问这个破坏谈判的问题了,我建议还是回到我们的主题上来吧。"

需要特别强调的是,第二次听到同一个问题时,你一定要弄清楚这个问题的目的是什么。

弄清细节

有一个应对挑衅问题的方法,即停顿片刻,然后要求对方解释"你指什么?"。这个问题以及和它很像的"请你解释一下",能让我们发掘出"怪物"真正的动机。

我曾受一家大型企业的人力资源总监邀请,与他们老板商讨培训事宜。在此之前老板谈到了他的兴趣以及他们想在我这里学到什么。当我到达谈判地点之后,对方非常粗鲁,老板在某一刻往后仰靠在椅子上说:"你开的什么车来这里?"

乍一看,这个问题很简单,但是让我们来进一步分析一下。我将要说出汽车的品牌,这是和价格挂钩的,要么他可能会说这太便宜了,要么他会说我利用他们赚钱,要价过高。等等。

在我看来这不像是友好的谈话,因此汽车的问题被我列入了挑衅问题的行列。我沉默了片刻,然后反问他"请你解释一下这个问题"。老板愣了一下,显然还没有准备好进行反击,于是懒洋洋地说:"好吧,我想知道你能赚多少钱。"

顺便说一句,在一次培训中我讲了这个故事,两周后一个商务总监给我打来感谢电话，他告诉我，他和最大的连锁店谈判时也遇到了同样的问题。一个产品经理问他："你的手表是什么牌子？"他像我一样做出了回答，之后的对话就有效进行。

如果问题已经离你们讨论的主题太远或者超出了你的能力范围，那么你可以直说，并用"这个问题与我们谈判的主题无关，让我们回到我们的主题上来吧"这样的话来表明自己的立场。遇到人身攻击的情况时可以说，"还没有准备好讨论自己的私人生活"。

如果他们提到涉及你的能力、专业水平或者其他触及你自尊心方面的问题，那么表明自己的立场仍然有用。在这种情况下，要做的正是强调你的尊严并控制住对话。

有一次我与一个"怪物"谈判，这个"怪物"是某大型银行的董事会副主席，谈判时我遇到了一个问题。下面是部分对话。

——伊戈尔，你是专业人士，你应该能看出一个人的想法，而不是去询问，还是说你只会纸上谈兵？

——正因为我是专业人士，所以我不会去猜测，而是向你提出问题。

请注意，我的回答改变了对话的方向，让对话回到了正轨。

——你有能力胜任吗？

——正是因为我了解并且很清楚这个问题，所以我才会来
和你谈判并准备好回答你的问题。

——你像个女孩子一样。（这句话是对少年时期的男孩说的）

——正因为我是男孩，所以我才不会做出那些伤害自己的
决定。

提问真实目的

当对方使用各种"打岔"方式想逼你打破自己的规则时，提
出关于真实目的的问题是非常有效的应对手段。

我要提醒一下，"打岔"这种手段通常是用来挑衅对方的，
而且具有破坏性。

瑞典作家林格伦的作品《住在屋顶上的小飞人》中
的主人公卡尔松有效地运用了类似的策略。

弗雷肯·博克严厉地呵斥小男孩："我说了，你回
答，'是'还是'不是'！一个简单的问题总是可以用
'是'或'不是'来回答的，在我看来这并不难。"

"你想象一下，这很难。"卡尔松干涉道。

"我现在来问你一个简单的问题，然后你就会相信

了。听着,你已经停止早上喝白兰地了,'是'还是'不是'?"弗雷肯·博克屏住了呼吸,似乎就要毫无知觉地倒下去了一样。她想说些什么,但她一个字也说不出来。

"你看吧,"卡尔松得意地说道,"我再重复一遍问题:你已经停止早上喝白兰地了,是吗?"

"是的,是的,当然停了。"小男孩向卡尔松保证说,小男孩很想帮助弗雷肯·博克。

"不是!"弗雷肯·博克开始大喊起来,完全昏了头。

小男孩脸红了,支持她道:"不是,不是,她没有停下!"

"可怜啊,可怜。"卡尔松说道,"酗酒是没有好处的。"

弗雷肯·博克彻底失去了力气,精疲力竭地躺到了椅子上。

当然,你要记住卡尔松最后说的话:"你真是愚蠢,现在你自己相信了吧,并不是总能回答出'是'或'不是'的……来给我眨眨眼。"

应对这种没有选择余地的"打岔",最有效的方法就是提问真实目的。弗雷肯·博克应该问:"你现在为什么要让我难堪?"或者"问我这样的问题,你的目的是什么?"

　　"为什么……"的提问看上去有些生硬或强烈，但它是在谈判中对付"怪物"的重要武器。

　　我曾参加过一场诉讼。在庭审辩论中，原告律师想激怒被告律师。于是他向被告律师提出问题："请问，你认为你的当事人可以做出违反法律的行为吗？"

　　但是，被告律师是一位训练有素的谈判者，他停顿了一会儿，回答道："为什么你现在要提出这个答案显而易见的问题？"

　　进攻失败，球被踢回了原告律师那里。

　　不要急于回答挑衅问题。在回答之前先停顿一下，然后使用以下3种方法：

　　1．听而不闻，让"怪物"回到谈判主题上来。

　　2．弄清细节。

　　3．提问真实目的。

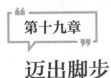

第十九章

迈出脚步

> 奇怪的是,最牢固的观点是在最表面的,而深处的观点,总是可以移动的。
>
> ——列夫·托尔斯泰

坚定自己的立场与"怪物"谈判非常困难。谈判很快就会走上绝路,要摆脱这种困境,你不得不付出大量的努力。没错,摆脱困境是可以做到的,本书第四部分将专门讨论这一点。现在还是来看看有什么办法可以让我们继续正确地前进吧。请注意,我没有使用"让步"这个词,我是故意这样做的。为了实现自己的目标,迈出脚步是需要力量的。我建议大家在谈判中"迈出脚步",这样就能解决许多问题了。

规则一:决不让步

如果你不知道某件事的真正价值,就不要为了有形的利益而放弃无形的利益。在谈判的早期一定不要让步。很多时候"怪物"会对弱者使手段,劝其为了维持关系而让步。谈判之初"怪物"会表现得特别具有侵略性:"让步吧,我会体谅你的。"有些人认为,与强大而严苛的"怪物"谈判之初,有必要让步以获取他的善意。他们的解释是,让步能使"怪物"们的脑海里产生积极的兴致,他们会有意愿朝你迈进。这不仅是错误的,而且是有害的建议。谈判初期就让对方让步的"怪物"后期会变得更加好斗,他会更加大胆地放纵自己,提高谈话的语调,从而让弱者做出更多让步。

来回忆一下著名作家普希金在《渔夫和金鱼的故事》中的详细描写:想要报恩的金鱼立即做出了让步,完成了老妇人的第二次请求,从而激发了她想要成为大海主宰的愿望。这个童话故事喻示我们:不要在谈判之初就做出让步,这只会激发对手的好胜心。

在我的职业生涯中,我多次给自己的员工培训,让他们戒掉谈判中的让步行为。我不断听到这样的对话。

买家：我们对这种条件的合作不感兴趣，我们有很多的供应商。

卖家：我们可以给折扣。

买家：多少？

卖家：百分之五。

买家：嗯，这个价格更好些了，但我还要一些别的东西。

在这种谈判中，"怪物"通常也会向弱者提供让步，因为有长期合作的前景，良好的反馈并且已经合作很长时间了。弱者很高兴地做出了让步，然后用下面这些话作为让步的借口搪塞自己："你知道的，他们实力雄厚，且与我们有着长期合作的关系以及你了解的那些合作前景。"但是，你必须清楚地明白，在一个业务中你愿意为了增加供应机会付多少钱，你愿意为了这个长期的合作付多少钱，这种推荐值多少钱。这可以使你避免轻率和无利可图的让步。

是的，你应该向前迈进并将此换成无形利益，但是你要清楚它的成本，将其数字化。我在《克里姆林宫谈判法则》一书中详细介绍了构建利益多面体的机制。利益多面体有助于摆脱平面谈判，平面谈判中利益较为单一，而"怪物"通常会在平面谈判中取得胜利。

　　我将简明地讲述这种方法。要构建利益多面体，必须采取五个步骤。

　　第一步：确定利益。

　　解决特殊问题时，一定要考虑自己和对手利益所在。这种利益是一些附加的好处。例如，租房子的时候，这种利益可能是租金、维修费、租期等。这些利益都是神奇多面体不同的面。

　　谈判者总是会先看到常见的主要利益，但是，在任何情况下总会有乍看之下微不足道、无关紧要的利益面。

　　供应商给连锁店供应产品时，不仅要考虑价格和能否延期付款，还要考虑与最终客户建立联系的机会、促销方式、对品牌知名度及美誉度的影响。

　　要注意，划分出来的利益面中很多并非有形利益。利益面越多，你的立场就越灵活，最终能与对手达成协议的机会就越大。

　　要让利益看得见，看得清，将其精确地排列在利益多面体上。利益可以是有形利益也可以是无形利益。

　　第二步：利益面价值化。

　　现在我们将按照第二步来评估第一步中被视为与主要利益面同等重要的每一面。

　　如果主要利益是价格，那么相应地，评估延期付款、可能的推荐、获得产品知名度以及其他的利益分别值多少钱非常重要。换句话说，你愿意为增加供应量和建立良好的合作关系等方面付出多少钱。

一切利益面都应该有具体的衡量指标如能获得的经验以及能让公司有辨识度的机会等。如果不做具体衡量,你的对手就会轻松地利用你的无知,高估无形利益的重要性。

> ——你要知道,与我们连锁店合作,你马上就能打开自己的市场。
>
> ——并不是每个人都有机会在这种大企业工作的。

如果你能具体地衡量各利益面的价值,那么这些话就不会使你感到困惑。

!

> 利益多面体的每一面都需要根据主要利益的衡量标准价值化。每一面都应该有具体的衡量指标。在价值化问题上,(自己或对手的)战略计划非常重要。

第三步:拟定期望值。

以核心利益为出发点,你需要考虑为核心利益创建一个数值。如果核心利益是工资,那么数值就是工资的多少;如果核心利益是延期付款,那么数值就是延期付款的天数;如果核心利益是折扣,那么数值就是折扣值。

这样人们通常能得到有可能的最大期望值。例如,应聘某岗位时，他错误地将期望值定在10万卢布，虽然7万卢布他就能满足。因此对于期望值应该采取"虽然"的态度。

确定核心利益后，你应该决定剩余的利益面要按照什么数值进行分配。如果你得到了期望的薪水，那么能接受什么样的假期，职位对你来说又有多重要，团队氛围对你来说又有多重要等。

第四步：找到红线。

红线是备用计划的上限或下限（视情况而定）。此时从拉西奥先生那里获得的经验对我们非常有用。我们所拥有的备用计划就确定了谈判的边界。而红线就是这个边界线。如果你正在寻找另一份工作，而你现在的工资是5万卢布，那么你的备用计划就是留在原来的公司，因此，你的红线就是5万卢布。请务必记住，这个利益多面体是有表面积的。这个表面积就是利益多面体各面面积的总值。这个表面积不会随着利益的变化而减小，这是最重要的规则。换句话说，如果你降低价格，那么你需要清楚，要通过增加哪些面的数值来保持多面体的表面积总值不变。

第五步：声明立场（初始要价）。

声明立场是我们在谈判最初表明的立场。我们应该故意抬高立场，这个立场与期望值是不同的。

我经常听到这样一个问题：声明立场应该抬高多少？这因人而异。当然，它应当合理。我通常用福特汽车的创始人亨利·福特的规则来检验要价是否适当:"如果成功有一个模式,那就是可以站在对手的立场上考虑问题。"我问自己:"如果我站在对手的位置上,知道所有开场时的情况,在谈判之初听到这样的要价,我会继续下一步谈判,还是立刻拒绝呢?"如果回答是肯定的,那么这就会是我的声明立场,我将不会害怕也不会怀疑。如果答案是否定的,那么我会将这个值再降低一些,然后再次站在对手的立场上去思考一下。这是一定要做的事情。因为如果这个要价对你来说都太高了,那么你就会很快放弃,从而给对手提供一个推你一把的机会。

曾有一家从事社交网络推广的公司找到我,他们要与一个大型控股机构谈判。这个公司要求对服务享有30%的折扣,以便有机会获得全部股份。经理全力说服领导答应这些条件并坚持提出了自己的观点:大公司、合作前景以及其他,"怪物"使他们陷入了过度需求的状态——当他们开始依赖这个交易,当他们无法理性地思考,他们就陷入了过度需求的状态。于是迈出脚步非常重要,你只需要问问自己愿意为了这个合作或虚无缥缈的前景付出多少钱,提出这个问题后,经理和领导一起找到了答案——不超过5%。最后的结论是,他们可以在当前的工作中以5%的条件来达成协议,如果能达成全部股份的协议,那么条件可以提高到10%~15%。请你记住俄国免疫学家梅契尼科夫的原则:要先付出,才能收获。这非常有助于解决这种情况的问题。

谈判初期以维持关系的名义做出让步，而没有具体了解这个关系的价值是多少——这是地位不平等造成的意外情况。你既损失了钱，关系也得不到发展。

规则二：控制风险

　　向前发展时，控制风险非常重要。确保让你的对手也朝着你的方向妥协，不一定是为了价格，他也可以为了某些别的利益妥协。但一定要注意，他的妥协一定是等价妥协，对于这一点，第二步的利益面价值化可以为你提供帮助。

　　以下是经常会发生的对话：

　　——你需要多长时间完成这项工作？

　　——至少五个月。

　　——这太可笑了。你在挖苦我们吗？我们对这个时间完全不满意。

　　——我们可以尽量四个月完成。

　　——这太久了，你再想想吧。

　　——至少三个月，我们尽力。

请注意,"怪物"没有向弱者妥协一步,甚至一丝一毫,他迫使弱者一步一步地向他妥协。这对弱者是不利的。你需要让"怪物"至少以某种方式朝你的方向妥协一点,否则他会完全将你压制。一旦你妥协了两步甚至更多,对方却没有任何反应,那么"怪物"的猎人本能就会被唤醒,他会要求你做出越来越多的让步。我建议你采取以下方式。

——你需要多长时间完成这项工作?

——五个月,你准备什么时候付款?

——我们对这个期限不满意,谈什么付款?

——五个月是在这个项目范围之内的。

——但是有必要更快一些。

——尼古拉·伊万诺维奇,五个月是我们根据所有的任务制定,完成工作的期限,我们会保证最后的结果并承担责任。你应该不想为了赶时间而牺牲工作质量吧?还是我理解错了?

在这个对话中,采用了以下几种谈判技巧:

1. 反问。总是在回答对手的问题时,请努力尝试提出问题,把你们的对话引向你所需要的方向上。这是一个可以让你在谈判中保持优势地位的非常有用的技能。

2．不让对方有榨干你的机会。强硬的谈判者总是想突破壁垒，多次攻击同一个点。一直不断重复表明自己的拒绝原因是很重要的。没错，正是要解释原因。这样，就算是最顽固的人也会明白，这堵"墙"是非常坚固的。

3．否定问题。谈判者往往都追求提出一些能获得"肯定"答案的正面问题，例如"你想得到……吗"，我建议你在这种情况下提出否定性问题"你难道不想……吗"，这样的问题会有效得多，且能迫使对手考虑到可能会"落后"这一点。

规则三：做一个"吝啬"的人

你应该一点一点妥协。通常情况下，大让步只会激发对方的胃口，就像《渔夫和金鱼的故事》，老妇人什么都想要。我与世界各地许多采购人员和销售人员合作过，因此我开始注意到，俄罗斯与卖家讨价还价的比例平均值在5%～7%，与买家讨价还价的平均值在1%～3%。我想知道，如果降低讨价还价的比例，会发生什么。因此，我进行了一项有100对参加者的研究，所有参加者将就同一个案例进行谈判。这个案例是关于卡车的销售。有一半的参与者得到了特殊任务——议价范围不能超过500美元（卡车的初始报价是5.6万美元），另一部分参与者没有任何特殊任务。最终我们测算了所有小组在交易期间使用的附加利益的平均值。此外，在达成协议的88对参加者中，他们平均向对方让步

2～3次。在没有达成协议的小组中，有任务和没有任务的各占一半。但是结果是不同的。有特殊任务的参与者互相向对方让步，以高得多的价格卖出了卡车，平均价格为5.3万美元，而没有特殊任务的平均价格为5万美元。没有任务的小组最终成功议价范围大约为1000美元。结论很明显：在交易过程中重要的不是这个让步空间有多大（折扣的力度），而是让步的次数。为了让你和你的对手都感到满意，你需要一个助手——多巴胺，它非常善于制订"让步次数"。

当然，在实践中，缩减议价范围并没有那么容易，许多人都害怕且依赖于既定经验。我建议你可以先从缩减20%开始，如果你习惯了每一次让步5%，那你下次就尝试每一次让步4%。这不会产生任何可怕的后果，但你能发现一个能赚更多钱的工作方式。

规则四：有谈判空间

分析规则一时，我简要描述了一种构建利益多面体的方法。正是它给我们提供了充分的谈判空间。有谈判空间的谈判者会像一个战士那样议价，他始终遵循自己的原则，他有自己的声明立场，有期望值，有备用计划和红线。利用利益多面体表面积恒定的法则，战士可以评估自己的利益是否受到损害。他可以大胆地将无形利益换成有形利益，因为他知道它们值多少钱。利益多面体能让他保持理性，控制自己的情绪。

规则五：控制截止日期

这一点前文已经提过。你应该始终记住自己有多少时间、资金以及其他资源。不要让对手把你逼到极限。同时，对你有利时，请利用好对手的截止日期。

规则六：要再次说"不"

我经常在培训中心给参与者们分配案例，然后让他们开始进行谈判。有些谈判小组在头两分钟就能达成共识，然后在复盘时，一位迅速达成协议的参与者得知了其他人是如何达成一致的，并了解到对手的真实需求比自己提供出去的要少得多之后，他表示非常悔恨。

因此，"时间就是金钱"在谈判中有着相反的作用。当我们花很少的时间进行谈判，我们就有犯两个基本错误的风险。第一，我们"把钱放在桌上"，这就意味着我们会得到比原本更少的钱，而桌上剩下的钱必然就会被"怪物"拿走。与强大的对手谈判时，这一点尤为重要。处于弱势地位的谈判者通常想快点摆脱困境，于是将钱留给了对手。第二，快速得到一大笔钱的时候，"怪物"并不会满足，因为没有一个让人满意的过程，就无法产生多巴胺。

我建造完避暑小别墅后，我的建筑工人弄坏了一部分栅栏。于是我和他们一起着手解决赔偿问题。我心里的决定是预算的

3%，因为这个缺损并不严重。但当我从施工方那里得到10%的赔偿时，我心中的"海的主宰"的愿望被激发了，因此我并不满意。

如果你很快就达成了协议，请再说一次"不"。记下这个方案并继续进行讨论。在没有成功的情况下再回到这个方案上来。说"不"——这不是断然拒绝，而是"我考虑一下"，是"让我们记住这个方案，然后再来看看还有没有其他可能性"，是"这很诱人，但仍然……"。请你继续非常认真地谈判，或许你可以放更少的钱在桌上，或许你可以得到一个需求被满足的对手，这对长期合作而言很重要。

为了讨价还价取得成功，你需要遵循以下5个法则：

1．如果你不知道无形利益的价值，就不要将无形利益转变为有形利益。不要急于在谈判的早期阶段就做出让步。

2．控制风险，始终确保你的让步会在某些地方得到补偿。

3．做一个"吝啬"的人，重要的是让步的次数而不是让步的程度。

4．拥有谈判空间——利用利益多面体表面积恒定的法则。

5．控制截止日期。

6．要再次说"不"。

第四部分

绝境及克服
绝境的方法

"
第二十章

找到出路

　　有时，即使有充分准备，谈判还是会陷入僵局，但并非所有的僵局都无法化解。如果我们说的是与"怪物"进行的谈判——利益重大，双方处于不同立场且双方情绪激动，这样的谈判会不断地陷入僵局。因此学会找到这种情况的解决办法非常重要。

　　很多人都认为僵局导致双方无法进一步谈判。例如，我经常在培训时注意到，有些谈判者会在各种情况中失败，尽管我给了他们很长的时间准备谈判，但在谈判开始后的几分钟内，这些参与者就会说："我们绝不会同意！"尽管如此，因为还有时间，且其他小组还在进行谈判，所以几分钟后双方将会继续谈判，并且在规定的时间结束时，他们已经将自己的谈判结果写下来了。谈判是一个动态机制，是一个过程，明白这一点非常重要。当然，所有事都可能没有按照计划发展，然后你就会陷入僵局。重要的是，不要绝望，也不要被情绪控制。当然，并非所有的僵局都可以克服，但是能克服的僵局远比你想象中的要多得多。这一部分的目的就是教你学会为僵局找到出路。

要摆脱僵局应该采取什么样的行动？

在回答这个问题之前，我们要先分析一下出现僵局的原因。

标准的僵局分为两种，第一种是双方都主张分自己要的那块"饼"，而部分"饼"因为无人要留了下来。（见图20-1）

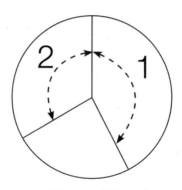

图20-1　僵局一

这种情况下双方都有很大的机会达成协议。更准确地说，双方总有一定概率能达成协议，但奇怪的是，据我长期观察得到的统计数据，这种情况下没有达成协议的概率为18%。而陷入僵局的主要原因是情绪化，比如"我们可以同意，但不想"，其中一方会做出"谁都得不到，你也别想得到"这样的决定——这是谈判中经常发生的现象。

第二种情况中双方觊觎着同样的利益，因此，他们能达成协议的可能性要小得多（见图20-2）。根据我的团队进行的研究，这种情况下84%的谈判会陷入僵局。同时，非常重要的一点是僵局并不等于冲突，也并不意味着我们要退出谈判，这只是说明因为某种原因，现在这个谈判走入了死胡同，我们的任务就是从里面走出来。关于这要怎么做，接下来将进一步说明。

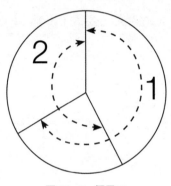

图20-2　僵局二

我将摆脱僵局的方法分为6种：

1．将谈判转移到另一个层级。

2．新信息。

3．出乎意料的解决方案。

4．"留下我一个人"。

5．替换。

6．12小时定律。

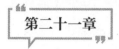

将谈判转移到另一个层级

　　谈判的结构会让人想起分层馅饼，每一种情况我们都可以从不同的角度去看。从不同的角度来看，整个谈判结构就像一层一层叠起来的饼一样。

谈判层次：

- 技术层面
- 操作层面
- 法律层面
- 经济层面
- 人际交往层面
- 道德层面

　　为了建立一个完整的概念，有必要去了解当下的情况涉及哪几个层面（存在哪几个方面的问题），每一个层面会发生什么，在哪个阶段可能会出现僵局，哪几个层面是安全的。

先简略地解释一下每个层面。

技术层面——要了解事件发生的地点、参与人员、谁看到和听到了什么内容、时间、过程中的技术信息，这些都非常重要。这一层面都与物理定律有关。

操作层面——关于生产技术、销售、技术决策、交货、处理索赔、退款等。这是与技术相关的问题。

法律层面——是什么限制了参与者的行为？谁的行为符合标准，而谁在违反规定？这一层面都与法律准则、契约规范及普通法有关。

经济层面——各方的利益是什么？合作的不盈利底线在哪里？经济基础及经济对比。所有与数字、金钱有关的信息都在这一层中。

人际关系层面——他们过去以及现在的动机是什么？当事人如何看待这件事？他们想要什么或者害怕什么？他们受到了谁的影响？是否有共同的利益或朋友？在这个层面，重要的是考虑影响过或至今仍然影响着人们行为的动机。

道德层面——各方曾彼此期待过或现在在期待着什么？由于各方的角色，这种期待或许会通过口头承诺或在保持缄默中形成。例如，我们期望自己的朋友会在背后保护我们免受不公正的攻击。或者默认如果供应商无法按时履行自己的义务，他将会立即通知我们。道德层面还包含以下问题的答案：是否违背了任意一方的期望？众所周知，道德问题是复杂的问题之一。"在有些人的世界里这是一堵牢固的水泥墙，而对某些人而言，这只是一张不牢靠的网"。

谈判的基础层面是法律层面，它在任何情况下都不应该被忽略。可悲的是，谈判过程的参与者们经常会按照自己的理解来解释法律。我经常听到"我一定会赢的"这样的话。你怎么知道？没有人可以预知结局。还有一个问题就是不断变化的法规和缺乏统一的诉讼业务。因此，我建议在与"怪物"的谈判中考虑到这一层，并在专家的帮助下仔细分析这个层面的问题和会产生的实际后果。顺便说一句，严谨认真的谈判者会在谈判之前进行全面的法律评估。在经济层面也是如此，谈判者要在专家的帮助下弄清楚财务方面的问题。

由此可见，如果我们将谈判视作一个多层次过程，在其中一层出现僵局的情况下（例如，经济层面，我们无法在价格方面达成一致；或者在技术层面，双方对进行谈判的地点存在分歧），还有一些层面是没有出现僵局的。唯一例外是关系完全破裂的情况，即所有层面都可能出现僵局。

让我们来看看在法律层面出现冲突性僵局的情况。例如，我们对合同中的某一个条款十分不满。在实践中我曾碰到过这样的情况，这是我们故意挑起的。合同中加入了一个条款：所有法院审理都应在莫斯科的仲裁法院进行（离我们很近的法院）。因此在这个层面上不断地出现僵局，我们通过转移到另一个层面（冲突更少的层面）克服了这个问题。换句话说，如果你遇到了僵局，请将它放在一边说："好吧，我们之后再讨论这个问题，现在我们先来讨论技术（或者其他我们确定不会出现僵局的某个层面）……"在这种情况下为了解决僵局，最好的方法就是在个人层面上寻找共同点。

很多人都经历过这种类似的情况吧。例如，我们曾与一家意大利公司进行谈判，该公司的代表是一位名叫劳拉的女士（她要求非常高且非常有权势）。这家意大利公司在我们的谈判关系中占据了"怪物"的位置，因为我们只是一个小买家，我们之间的谈判就是"要么接受条件，要么就走"的情况。在一次谈判中，中午12点时，劳拉暂停了谈判，说道："我们去吃午餐吧，12点是午休时间。（在意大利，午休是非常神圣的事）"当我们去停车场看到她很脏的车时，她感到非常尴尬并抱歉地说道："我昨天参加了拉力赛，还没来得及洗车。"实际上，我的搭档也热衷于这些比赛，因此他们整个中午都在讨论这个话题，下午回到办公室后，我们一下子变成了无话不谈的朋友。

这些例子证明，在个人层面或某种程度上找到共同点以摆脱僵局是非常重要的。不要害怕改变谈判的层面，把矛盾留到以后吧。请记住，你在无冲突层面花费的时间对冲突层面的工作是有着非常积极的作用的。

在写这本书的时候，我在自己的脸书（Facebook，2021年10月28日改名为Meta）网页上发布了一个与"怪物"谈判的风趣故事征文比赛，在获奖征文中，有一个故事讲述了作者战胜了"怪物"的忽视把戏然后克服了僵局。

　　那是在一个月的最后一个星期，一家乳制品经销商的一个"标准"工作日。我和一个销售代表在一起，我们有一个公开的目标——增加活跃的客户群体。我们的商品以响亮的名称进入了销售点。商店与分销连锁店有关系（签有合同）。一切都按照标准进行：分析竞争商品、找出决策者。当我们走进办公室……办公室的外观很普通，与商店的店长兼商品检查员玛丽·伊凡诺夫娜（一个接近退休年龄的女人）一样。

　　我们例行问候道："下午好!"她稍稍朝我们的方向看了看，说道："你好!"

　　销售代表按照规程做事，而决策者处于游离的状态中。好吧，这时我想，是时候将主动权掌握在自己的手中了，我一边看着销售代表在做什么，一边注意着玛丽·伊凡诺夫娜。

　　我加入了谈判。

　　玛丽·伊凡诺夫娜在和某个人打电话，噢不，她开始和某个人打电话。她甚至没有道歉。她直接在谈判过程中接听了电话。在我们面前她开始告诉电话里的人，农历的什么时候移栽孢子甘蓝的秧苗最合适。

她甚至没有看一眼我们。我们没有总结有关谈判结果的任何内容。我很生气，我坐在一个正在讨论自己的日常问题的人对面，旁边是一位满脸困惑的销售代表。我心里知道，现在的情况非常糟糕。我对自己和玛丽·伊凡诺夫娜都感到很生气。我已经遇到过上百个这样的"玛丽·伊凡诺夫娜"了。况且销售点实在令人发愁，还有两米宽的冷藏玻璃柜。我意识到我在劝说自己认输、放弃……我是经过培训的经验丰富的销售人员，我是一个相信销售不是一个职业而是一种生活方式的人，我们应该宽容这个接近退休年龄的女人，允许她在谈判过程中接电话、讨论自己的生活问题……不！

我站起来，在房间里走来走去，看看墙壁和墙纸表示抗议。墙上只有日历，它不是标准日历，也不是任何一家合作伙伴公司赠送的，日历上描绘的是一所武术学校。

玛丽·伊凡诺夫娜打完了电话，她看着我们，她的表情好像在说："你们怎么还在这里？"

一切都是从日历开始的……实际上，她有一个儿子是武术教练。而我急需她的意见——是否应该把我6岁的儿子送去上武术课。她对健康的生活方式有什么看法？她是否同意人们的饮食中应该包含乳制品？

在我的文件中有新产品的"说明"，然后……我们进行了展示，创建了订单，确定了交货日期……结果就是，我们在这一天完成了订单。公司获得了新的销售点。玛丽·伊凡诺夫娜回答了我的问题清单（如上所述），而她得到了新的供应商。

请记住，"怪物"有时会故意使谈判陷入僵局，你要认清他的把戏，并使用一些技巧摆脱僵局。

"第二十二章"

新信息

　　人们通常会因为过于渴望让自己有说服力，所以在谈判中努力地讲述自己所掌握的关键信息，也就是说，在谈判刚开始时他们就飞快地暴露了自己的"王牌"。毫无疑问，这样提供信息会给谈判带来一定的损失。因为在谈判之初，对方不可能接收所有论点，而当你说完了所有的论点之后，在遇到僵局时，你将会无话可说。为了避免这种情况，应该怎么做呢？

　　首先，在谈判之前要做好准备，不要急于暴露自己拥有的所有信息，要一点一点地说（尽量将数据和统计资料分成几个部分，以便一点一点地说）。

　　其次，要将最重要的信息留到后面。要让对手对你的发言好奇，让对手有兴趣和你交流。

　　你要是读过美国作家丹·布朗的书肯定会认同读他的书很有

趣吧。这是由于作家在其作品的构造过程中使用了一种效应——泽伊加尔尼克效应。产生这种效应的关键在于分批提供信息，并将其中一些放到之后提供。换句话说，丹·布朗的书的每一章内容都像没有结束一样（后面会继续），这正是驱使读者继续保持与作家的联系的一种方式。"未完待续"效果的存在将会带来非常积极的作用。

因此，如果你想让对方有兴趣与你进一步交流，请在谈判中一直保持未说完的效果，把重要的信息留到后面，留到僵局出现时（准备好向他提供新的信息）。同时要始终记住，你提供给别人的信息应该非常清楚明确。

我再讲一个例子，这是我最近在实践中发生的事情。我需要为我的新项目（在埃及举办与"怪物"谈判的培训）招揽一位非常有名的人物。在谈判之后，对方拒绝了我，说道："伊戈尔，也许我们不用再进行谈判了……"因此我决定亮出一张我手上的"王牌"。当时我得知某个连锁商店正在准备出售，由于这是我的对手主要的业务之一，我决定告诉他："听着，你知道接下来零售市场会发生什么吗？"对方因此产生兴趣，这让我们有理由继续进行谈判。

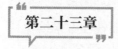

第二十三章

寻找出人意料的解决方案

达成协议不一定需要不断地朝对方迈进，也可以靠全新与出乎意料，给谈判中的各方提供解决方案。图23-1表明了出人意料的解决方案的实质——创造性思维。

四个点以正方形的形式排列，要求用三条直线将它们连起来，中途不能断开且最后要回到原点。

解决方案如下：

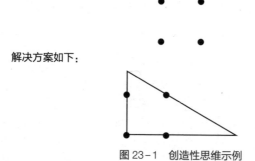

图 23-1　创造性思维示例

我们经常会受制于我们所处的状况，这并不是什么秘密。尤其是在涉及"怪物"和情感时，我们看不到自己设定的框架外的图景。在之前讨论过的"广告+"公司的情况中，同样也有障碍物让我们无法看见其他的方案和工作方式。

正因如此，我们先前讨论了邀请拉西奥先生有多重要。拉西奥先生能帮助我们摆脱自己所设立的框架。情绪越强烈，各方的风险和利益越大，限制谈判者的框架就越牢固。为了跨出这个框架，你应该从自己开始，然后是向对手展示解决方案。

在有关资源可用性的章节中，我谈到了如何将公寓交还给银行，并继续住在其中，即租下它。这正是出人意料的解决方案，既喂饱了"狼"，又在不做出让步的情况下完好无损地保住了"羊"。我们要分析必不可少的具体步骤，以找到框架之外出人意料的那个解决方案。

1. 在谈判过程中，准备好随时跳出先前所考虑和分析出来的方案。我经常自己画出创造性思维示例中的四点图，这会帮助我集思广益，发挥自己的创造力。

2. 在寻找可以摆脱当前困境的方案（包括非标准方案）时，要让尽可能多的人（不同的专业、年龄、国籍，与你区别越大越好）参与到准备过程和谈判中来。当你只是在为谈判做准备，考虑各种方案或已经陷入僵局时，我建议你来一场头脑风暴，同时吸引一些对你当前的业务一无所知、不感兴趣的人到你的团队中。例如，如果你是男性，就让女性加入你的团队；如果你

40～50岁，就吸引一些比你更年长的人进来。此外，为了使你的团队尽可能多样化，吸引一些不同国家、不同行业的人也是很好的。为什么要这样做呢？这是为了让你能找到突破框架的机会。

3.给所有参与者自由表达其方案的机会。使用圆桌会议原则：在讨论中没有领导者，每一个人都是平等的，每个人都可以直接表达自己的想法。同时必须遵守对愚蠢想法的鼓励原则，即在任何情况下都不批评、不打断别人。只有这样，你才有可能找到最终能改变现状的方案。

4.记下所有表达的想法。或许你可以选择第一眼看上去最疯狂的那个想法，它可能会被大多数人接受。

在2005年，我们曾用这个方法打破过僵局，这个僵局的形成是因为我们为生活所迫。

我们曾与一家银行有着紧密的合作和非常好的工作关系，该银行可以为我们提供贷款，提供许多对我们有利的银行产品。我们对银行感到非常满意，有问题时通过电话就能解决。结果，在2005年，一个副董事打电话告诉我，要我马上提走所有钱并将所有的客户支付款转移到另一家银行。我问了一系列问题以及我要如何处理我的贷款，结果只得到一个答案：我不知道，你先不要着急。我们成功地撤出了所有资金，后来那家银行被撤销了执照并很快宣布破产，实行了破产管理。贷款的资金仍然留在了我们这里，很多人这时会认为：无论如何，这真是幸运。艰难又具有侵略性的谈判开始了。在被吊销许可证之前，该银行签署了转让协议，并将全部贷款转移给另一家银行，让我们成为形式上的债务人。新的贷方开始要求我们偿还债务，这看起来似乎没有问题，但问题出现了。根据法律，所有在破产前六个月签署的转让协议都应当接受司法审查。简单来说，如果法院认为转让协议是无效的，而我们还钱给了新的贷方，那么我们还必须将钱支付给破产方，然后再从新的贷方那里追回款项。也就是说我们需要第二次付款，而新的贷方是否会还款还是一个问题。"怪物"缠绕着我们。我作为首席执行官也感受到了压力。我只说一点——我感到很不安。情绪已经超出了极限，我想遍了所有方案，最终都归结为两点：还钱和再次付款。在得出这些要点后，绘制四点图对我很有帮助——我知道我们需要寻找出路。

我邀请了自己的密友和此前提到过的优秀律师——德米特里·博汉，以及自己公司的总会计师和安全顾问。经过数小时的工作和讨论，我们找出了解决方案。我们不会还钱给新的贷方，而是把钱还到在他们银行开设了账户的公证人的账户上。我们履行了自己的责任，他们也在形式上拥有了这笔钱。一旦法院通过，银行确认他们将解决这个问题，钱就能正式归他们所有。在此提醒，事实上他们已经在系统之中了。这个机制通过了，然后当新的贷方垮台并提出诉讼到法院时，我们公司将是唯一一个没有受到损伤的公司。

在此我想强调：与你的谈判毫不相干的人参与讨论是非常重要的，因为他们没有处于事件之中，他们就像在观众席上一样俯瞰着一切。在这种情况下，"无知"经常会提供不可代替的帮助。

　　我喜欢冲浪，站在浮板上漂流。写这本书的时候，我是黑海萨法里风筝队的成员，我们住在游艇上整日航行。有两名成员需要提前一天离开，当然，游艇并不会因此而去港口，组织者答应用橡皮艇将他们送到目的地。没有任何麻烦预警，但是因为起了强风，"海封锁了"。该怎么办？橡皮艇似乎可以航行，海浪不是很强，但是港口关闭了。组织者们和负责物流的公司谈判了一整天，得到的回答是：不去。港口可以接受船只，但不予通行——保险起见。所有人都在奔跑、大喊大叫、坐立难安，然后一个最小的成员——10岁的小女孩随口说道："或者问一下伊利亚叔叔？"伊利亚叔叔是另一艘游艇的组织者，这艘游艇离我们不远，与我们的游艇不同，他们不仅拥有无法到达港口的橡皮艇，还有一艘功率足够大的小船。除了我，没有人注意到这个小女孩的话。因此我强调了这一点，建议组织者不要轻视孩子的意见，而是应该考虑一下。问题在两分钟后得到解决，事实上，伊利亚叔叔那边也有一位成员要去港口，他带着这两人上了船。

　　不要害怕脱离框架束缚。邀请尽可能多的人寻找解决方案，给他们机会表达，不要否定他们的想法。

第二十四章

"留下我一个人！"

最近，一位年轻人带着一肚子的情绪找我表达不满，他描述了这样一个情况："昨天我和老板进行了一次相当困难的谈判，在一个非常紧张的时刻，我的老板转过来对我说，伊万，出去，留我们单独在这里就行了！然后，我们的对手的下属也遭遇了同样的事情。"

听完之后我问他具体哪里不满意，他愤怒地回答："哪里？这太粗鲁了，太粗鲁了！他怎么能这样把我赶出门？"

但实际上领导是对的。

让我们来分析一下这个摆脱僵局的好办法。有一种被称为"铺路"的方法，我在《克里姆林宫谈判法则》一书中对此进行了描述。这个方法的基础就是人们通常不会在乎自己做出的让步，而是在乎在他人眼中自己的让步。凭直觉，年轻人的老板明白，在达成协议之前，还需要一点努力。但是在有观众（观众可能会干扰协议过程）在场的情况下，就会很难达成协议。

　　为什么会这样呢？这是因为人们通常会遵循尼科洛·马基雅维利的原则——"人们总是喜欢面子，而并非切实"。

　　如果你想赢得胜利，轻松地与"怪物"谈判并达成协议，思考一下你的对手会以何种方式来维护自己的声誉是非常重要的。他们会如何为自己、为下属、为亲人、为朋友的失败甚至是为渺小的让步辩解。试想一下：一个明显感觉到自己处于优势地位的人，会有多么难以接受谈判失败！在这种情况下，最有效的方法就是让观众离开谈判过程。在这方面，领导者（虽然粗鲁）要求其下属离开会议室，给了自己和对手一个达成协议的机会。这样做只是为了让所有人都不知道谈判究竟是如何进行的，以及最终是谁做出了让步。

　　当领导准备惩罚或斥责自己的下属时，他应当意识到这一规则。问题在于，领导们经常当众这样做，这让他的下属无法以获胜者或至少不是败者的姿态退出这些谈判。因此，当你知道自己会遇到非常困难的谈判时，请提前想一想，你将要移除谁（如果你是领导），然后事先说清楚，解释这个行为的含义。遵循此建议，你将能极大地推进谈判过程。

　　不久前我曾参加了一个富有的家族与银行之间的大型谈判，我作为第三方被拉入其中。这些谈判的目的如下：侄子在叔叔的担保下，借了一笔大额贷款，无法偿还，然后银行同时向叔侄二人索要这笔钱。由于叔叔拒绝为侄子还钱，各方之间开始了严重的推脱拉扯。作为这一系列谈判的参与者，整个情况给我的感觉更像是在逼迫一个试图反抗的侄子，道："你的叔叔根本不会做任何事情，你应该自己想清楚要如何解决。"在听完这些话后，我明白了，为了使银行与叔叔达成协议，需要将侄子从谈判中刨除。我顺利地找到了一个很好的借口，和侄子一起暂时退出了谈判，让我的领导和有影响力的叔叔有机会单独地讨论当前情况。当我和侄子回到谈判程序中，情势已经平和了不少，然后叔叔说道："好吧，我同意，债务我会偿还一半，另一半你来偿还。"从而达成了协议。至于当事方如何做出这一决定，我们只能去猜。这个例子清楚地说明了，在你走投无路的时候，"铺路"法能给你带来什么样的好处。有出路！记住这个方法且不要忘记使用它。

为了摆脱僵局，无论如何都不能因为旁观者的存在而使已经很紧张的局势加剧。相反，必须采取一切措施让双方的主要人物单独讨论，为此需要选择以下方法之一。如果你是技术专家，就邀请技术专家在另一个房间继续讨论高度专业化的问题；如果你是律师，利用法律也是完全合理的；如果你是领导者，你应该提前与自己的下属说清楚，向他们解释为什么要让他们离开，并让他们参与到这个"游戏"中来，即为了挽救局势而牺牲自己。

回忆一下我前文写到的关于瓦迪姆的情况，我想说，他在谈判中就利用了这个方法。当他与"怪物"领导的谈判陷入僵局（这位领导在有他人在场的情况下开始对他大喊，要么立刻还钱要么还公寓，除此之外都不行），瓦迪姆接受了我的建议让所有"观众"都离开了，以便他能与领导单独交流，这有助于让他和"怪物"达成协议。当然，我并不知道关上的门内发生了什么（瓦迪姆没有告诉我），但当那些"观众"再次走进办公室时，那位"世界的主宰"慷慨地说："好了，就这样吧，我给他一次机会。"在这种情况下，记住这一点非常重要：在谈判中不必追求胜利，而应该努力达成自己的目的。

有人问我为什么在培训时不用参与者谈判的录像，为什么放弃谈判中审判员这一角色，而是让所有的参与者都在自己的小组中谈判。我的答案是：在培训时，如果在谈判过程中有"观众"在场，那么这种谈判的必然结果就是达不成共识。在这种情况下，谈判双方都很难做出让步，因为任何让步都会被视为软弱的表现。因此，这类谈判的参与者总会想尽办法取得胜利。虽然看起来是胜利者，但在这种情况下，你应当先考虑一下自己的实际利益所在，想想自己想要什么——是要赢还是留住自己的公寓和钱。这是你需要一直记住的相当重要的一点。

我还想分享一个例子，这是我自己的不好经历。由于情绪化，我没有顺利地在陷入僵局的谈判中取得自己的利益。我与比我年长、比我经验丰富、比我富有且比我有影响力的合作伙伴分道扬镳了。我们的关系陷入了死胡同。到了必须要解决的地步，合作伙伴的下属提议见面讨论以摆脱僵局。我接受提议来到谈判现场，当我走进合作伙伴的办公室，除了他，我还看到了他的下属。他的下属作为在场的"观众"，很快就使谈判陷入了更严重的僵局。最终，我们不欢而散，结束了合作关系。

我经常说（包括在培训中），正是因为在我的生活中有很多失败的谈判经历，才让我有资格来讲解谈判技巧，因为正是这些失败让我变得更强大，也让我总结出了不少的经验。如果让现在的我分析这种情况，我知道，在谈判刚开始几秒我就已经犯了一个错，因为我准许了有"观众"在场。假如是我和合作伙伴单独谈判，我们会有很大的机会达成共识。但就是因为还有一位观众（他的下属），而且这位"观众"的意见于我的对手而言极为重要，他们的任何让步都会被视作软弱，会有损"怪物"的地位，因此我的合作伙伴选择了维护自己的声誉而牺牲了自己的目标。

要永远记住，对"怪物"而言，争取利益的谈判经常会演变成争取颜面的谈判。而有"观众"在场时，这种颜面就会变得比什么都重要。要想不破坏彼此的颜面，尽力去达成协议，就需要调离现场"观众"。

在进行团队谈判时，提前想好在什么时候要让谁暂时离开，这非常重要。考虑一下你的对手将如何离开谈判室，你要帮助他留住颜面，这样他会变得更容易商量。

第二十五章

替换

　　解决僵局的另一种方法是更换谈判者。我想你们每个人一定都在生活中遇到过不喜欢的人吧（你厌恶某个人并且无法解释为什么）。我也可以肯定地说，也有人对你产生过这种感觉，哪怕是一次，或许从一开始就有，也或许是在谈判的过程中产生的。因此，当你感受到别人对你产生了个人厌恶时，更换自己这一方的谈判人员，或选择其他人代替你发言非常重要。

　　在你和对手产生矛盾，关系破裂时，更换谈判人员尤为重要。因为是你破坏了这段关系，所以让其他人来恢复关系将变得更为有效。同时，不要害怕让第三方参与谈判。

　　如果你作为销售部门的负责人，你知道你的销售经理正在敲一扇已关上并且无论如何都无人回应的门，这就意味着很可能是某种个人原因所导致的过错。在这种情况下，你最好将这个客户转交给一个可以改变当下状况并让谈判走上正轨的人，因为即使仅仅改变一个人的声音和态度，也会有助于解决这种仅仅是由于个人厌恶而产生的僵局。

为了让大家更清楚，我将拿我的实践举例。我们公司需要租赁新的场地，因此我委托我的助手去寻找合适的方案，并以对我们有利的条件去达成租赁协议。经过助手多次谈判，我作为总经理接到了汽车公司副总的电话，他说："听着，别再让你的同事来和我谈判了，我讨厌他！"我问他我应该派谁前去解决这个问题，他毫无迟疑地回答道："谁都可以！"并且只有在更换了新的谈判者之后，我们才能就租赁适合的场地达成协议。

怎样会引发个人厌恶这个问题很难回答，答案有很多种。这被称为"移情"现象或者"投射"，即对方将自己过去的某种不好的经历投射到了你的身上。实际上，引发个人厌恶的原因对我们而言并不重要，因为我们并不是心理治疗师，我们没有义务去救治他，也不需要就道德和心理健康问题进行交流。我们的任务是为双方找出最合适的方案。

因此，可以使用以下几点建议来摆脱僵局：

1. 如果你们没有达成协议且你知道其中存在个人问题，请派其他人去谈判。

2. 如果你自己对谈判过程感到厌倦，或者某人、某事使你感到不快，也应该选择一位替代者。

3．如果你必须要亲自参加谈判，尽量再带上一个人以转移注意力。

4．通过电子通信暂时将谈判切换为远程交流模式。

同样，如果你在对手那里也碰上了这样碍眼的人，可以尝试将谈判转移到他所在机构的其他人，转到更高等级、更低等级或同级的其他人。这是"如果你无法翻越这座山，那就绕开它"的思想。这也并不总是可行，但有时非常有效。为此，需要考虑两个重要的问题：

1．还有谁对解决你的问题感兴趣。如果你达成协议，谁会因此得到"奖励"，如果达成交易，谁的物质动机和绩效指标能在与你的合作过程中有所提高。

2．如果没有达成协议，谁会被解雇，谁的指标会因为没有与你达成合作而受到影响。

让我们更加详细地来分析这两个问题。

关于第1个问题：

我们可能会遇到与不太有动力去解决问题的人进行谈判的情况，甚至可以说是非常没有动力。例如与你的合作预示着他将会有更多的工作量和责任，而他并不想承担太多。在这种情况下，谈判注定要陷入绝境。在这种情况下要考虑谁真的有兴趣解决你的问题，谁的动机与你的利益最相近，这一点非常重要。有这样的人吗？如果有，要与这样的人进行谈判，或者将他们拉到你的谈判中来。

我们开展过许多营销活动，以促进不同的销售渠道。通常，在分销公司举办的活动都是由销售部门的负责人和营销专家共同决定的。这些活动涉及销售部门员工们的积极性。通常最后的决定是由销售部门领导来做的，营销专家负责完成技术职责。在与一家大公司谈判时，我们陷入了僵局。销售部门领导摆架子，几个月来一直把我们的促销方案抛在一边。这看起来很愚蠢——他不像其他人，他对提高销量不感兴趣。我们开始思考，最后我们得出了结论，在这个问题中我们疏忽了某个人，有些东西在干扰我们。在有了第一次更换谈判者的经历之后，你之后还会遇到很多次。我们派出了我们的营销专家玛利亚去谈判，在对方的参与者中也有一位市场营销部门的女职员。玛利亚发现销售部门领导很少同意做活动，因为在同意做活动之后，他必须监督控制销售人员，让他们鼓足干劲，而领导对此特别不感兴趣。是的，这令我感到惊讶，但这也确实发生了。原来，这家公司有专门的团队负责活动，并且品牌经理们会监督这些团队的促销活动。当玛利亚告诉我们这些信息时，我们都非常惊讶，这超出了我们的认知，但是……为什么不试试呢。第二次谈判时，我们更换了对手，让对方的品牌经理和我方的玛利亚谈判，我们很快就达成了协议，正是新对手帮助我们说服了销售部门的领导。

!

在将谈判转移到另一个层级时，一定要小心谨慎。不

要突然跳过开始的谈判对象，最好是能拉他作盟友，请求允许再将某人拉入谈判。询问他是否反对"我们的技术人员在没有我们的情况下进行沟通"。这样会容易很多，并且不会招来敌意。

关于第2个问题：

经常会有谈判陷入僵局，原因不是你的对手不想与你达成协议，而是他不能与你达成协议，这同样又是因为他的动机和绩效指标。你努力地坚持质量，而他的动机仅仅在于价格。遗憾的是，这是一个非常普遍的问题，正如前文关于法官与罪犯"错误的动机"的笑话一样。遇到这种情况时，就应该让那些会因为签协议不考虑质量而导致自己利益受损的人参与谈判。

有一次我修建一座小木屋别墅，然后被上了非常重要的一课，后来我将其转变为一种谈判方法。我对电气、卫生技术设备和其他一些东西一窍不通。我聘用了一支电工队，把他们带到了建筑市场，让他们为我的房子买电线和其他设备。下面就是我们和卖家的对话，我被迫成为对话参与者。

> 卖家：（对着电工队的工头）听着，你不要拿那些线，拿这些。
>
> 工头：你别想骗我，我知道这些线，我已经用它们很

多年了。

卖家：我不建议你继续使用这些线，这些线现在已不是德国生产的了。

工头：就这样，给我这些线吧。

然后这件事发生了一个有趣的转折。

卖家：（转向我）你是房主吗？

我：是的。

卖家：那你知道，如果使用这些电线会发生什么吗？

卖家给我上了一课：要与最终利益受损的人、与将会因此被解雇的人、会丢掉工作、失去金钱甚至还要承担刑事责任的人谈判。

我的听众还给我讲了一个故事，再次证明了这种方法的有效性。

一家大型畜牧业公司发布了一项购买兽药的招标。我的听众所代表的供应商每年都会中标，因为他们的药特性最好，所以尽管他们的报价高，但还是能拿到招标合同。可这一次出了问题，安全部门的负责人坐在了决策者的位置上。无论供应商如何用质量、安全性和其他特性去说服他，得到的回答都只有一个——视价格而定。这是"错误动机"的信号。供应商团队开始思考，谁将因此遭受最大的损失。得出的结论是——公司持有人，即总裁。但总裁级别太高了，因此这并不算是一个可行方案。他们提出了一个非常重要的问题"我们漏掉了谁"，最后他们找到了答案。如果因为产品问题导致畜群死亡或人员中毒，当然是企业的主要兽医要负全责，主要兽医不仅要承担经济责任还要承担刑事责任。问题是，他现在还不明白这一点（这样的事经常发生，人们会低估了事情的后果）。关键在于信息的正确传递。在与他见面之后，供应商问了一个问题："如果选错药导致畜群死亡，谁将为此负责？"然后就有了转机：兽医拿起电话直接拨给了总裁，迅速且夸张地向领导说明了后果。最终该供应商中标。

当谈判陷入僵局的时候，请你思考一下，是该更换你的团队成员，还是将话题转移到对手的谈判空间中的另一个层面，联系那些在与谈判结果利害攸关的人，并时常思考自己漏掉了谁。

第二十六章

12小时定律

　　我们从莫斯科的一家汽车厂那里租来了一个仓库，该仓库有酒精类产品的储存和销售许可证。我们从2002年就开始租用该汽车厂并与该汽车厂的领导建立了良好的关系。老实说，仓主对于这个仓库的租金不太计较，因为他拥有大规模的地产，收入极高，而且为人慷慨。另外，汽车厂的领导非常喜欢我们的产品，所以给我们定的租金比市场价低了30%，此外我们对仓库的改善、维修和警报系统都由仓主出资解决。你已经想不出更好的条件了。这种情况持续了好几年，直到2005年，仓主聘用了审计师，审计师给他提供了一份收入损失报告。管理层发生变更后，我们收到了一封信，信中说要重新签订租赁合同，价格将从每平方米230卢布增加到500卢布。你能想象我们当时的反应吗？难以描述。"他们怎么这样，是他们准许我们修整了这里的仓库，而且我们还能找到另一个仓库的!"请你站在我们的立场想象一下,你收到了一封价格要翻倍的涨价信。好在我有足够的智慧,没有亲自去参加谈判,而是派了我的助手去。顺便说一下,这是一个非常好的方法——要去与"怪物"公司谈判时,不要去找最高领导层进行初步谈判,而是去找级别更低的工作人员。这将为之后的谈判积累优势。

　　这是我的助手与汽车厂新领导之间的对话片段:
　　——安德烈·尼古拉耶维奇,你给我们寄了一封信,信中说要涨价。我们现在支付的是每平方米230卢布,你的来信将价格提高了1倍多,你要知道,这简直让人无法接受。
　　——让人无法接受的是你们现在支付的价格比市场价低30%。
　　——等等,这种仓库的市场价也是300卢布起的。
　　——谁告诉你的,这是有酒精许可证且设备齐全的仓库价格吗?至少500卢布,我们才出租。

　　我要打断并解释一下:对同一种情况,双方有不同的理解方式,这是谈判中常见的问题。我方认为的价格是300卢布,而汽车厂新领导的底价是500卢布,通常谈判将会花上几个小时来讨论价格问题。这是毫无意义的。我们应该以不同的方式来看待这个问题。

——等一下，但是市场上有300卢布的仓库，而且我们已经合作几年了。

——听着，价格就是500卢布，如果你们不满意，请在1个月之内搬走。

——我们不会同意500卢布的价格，我们来商量一下实际一点的价格。

——就500卢布，这是最低价。

谈判陷入了僵局。"怪物"使用了"要么听我的，要么就走人"的手段。该怎么办呢？谈判无法继续，双方地位悬殊太大。这时就要靠12小时定律了。我现在来说明12小时定律的用法。僵局中的停顿要采取以下方式：

1. 停止谈判并记下你和对手提出的方案。

2. 停下来，至少到次日早晨。当然，如果可以更久的话会更好。这能让你和你的对手摆脱情绪的控制并请出拉西奥先生，用冷静的头脑做决定。而且稍做停顿可以帮助你摆脱著名的"1美元问题"——谈判双方为利益激战时，根本没有人需要这1美元，但是从情感上来讲，没有人愿意让步，"你我各50美分"

是行不通的。

3．在有备用计划和清晰的数额的情况下进行谈判。顺便说一下，在稍做停顿之后"你我各一半"的方式可能会有用。

让我们来继续分析这个情况。在我的助手记录下"我们300卢布、他们500卢布"的方案之后，我们花了3天时间来做决定。在计算了搬迁、重新办理许可证和仓库设备的成本后，我们意识到500卢布是一个合理的价格，而曾经的230卢布的价格更多的是侥幸，而不是一种胜利。我们被这一点带偏了，认为就应该一直这样。想快速找到替代方案的尝试失败了。我们能想到的其他方案至少都是550卢布的价格，而且至少要花3个月的时间搬迁。最终，我们准备接受500卢布的价格，这是对我们有利的价格。

然后我进入谈判中。

　　——安德烈·尼古拉耶维奇，我们打算继续合作，但我们
　　　需要长期合同并定好条件。你们准备好和我们讨论这
　　　个了吗？
　　——是的，我们准备好了。
　　——你认为我们可以建立关系成为可靠的付款人吗？此
　　　外，租一个这么大的仓库，应该享有一些折扣吧？
　　——可以有一点折扣。
　　——安德烈·尼古拉耶维奇，请问是多少呢？

——最低480卢布。

——我这里有一个折中（我故意用了这个词）的方案，第一年440卢布，第二年470卢布，第三年500卢布。这样安排可以吗？

——成交！

事实证明，稍做停顿不仅能使我们清醒，也能让对手激动的情绪冷静一些，这对整个谈判过程都是有利的。

你要记住："时间是防守者的守护天使"停顿可以让你摆脱冲突，打破僵局。重新考虑一下自己的立场，评估一下自己的备用计划和对手的备用计划。想一想没有考虑到的利益，摆脱"1美元问题"。

最后，我想再次强调：谈判不是冲突。如果出现僵局，要试着尽量去打破，并且不要去等你的对手迈出第一步，他和你一样有情绪且处于压力之下。使用任何一个我写到的这些方法，我不能保证你能打破所有的僵局，但是打破僵局的概率将大大增加。

我再列举一次所有的方法：

1. 将谈判转移到另一个层级。尽量远离冲突层面，找到你们没有矛盾、有共同利益的方面。

2. 新信息。做一个"吝啬"的人，把重要的信息留到后面，把"王牌"握在自己手上。

3. 出人意料的解决方案。跳出计划框架，吸引不同的人来进行谈判的准备，了解他们的想法。从"局外人"的角度看整体情况。

4．"留下我一个人"。最难做的决策需要双方决策者单独进行。记住保留颜面，为了结果牺牲一下自己。

5．替换。在有个人冲突的情况下，更换自己的谈判成员，或者将谈判转移到对手的谈判框架内的另一个方面。

6．12小时定律。记录下达成的协议并稍做停顿，至少到次日早晨，这样可以让彼此的头脑冷静下来。

后　记

　　亲爱的读者，不知不觉你已经读完了这本书，如果你在读完这本书的时候能说出"'怪物'并没有那么可怕"这句话，我就非常开心了，这样我就算成功了。

　　你要记住，"怪物"只存在于我们的想象中，我们越认为他们有超能力和某些特性，他们就会变得越强硬。不要忘记本书第一章的内容，不要盲目地与"怪物"进行谈判，你应该学会利用拉西奥先生。

　　另外，你永远不要忘记，"怪物"会和你玩情绪游戏，用把戏将你逼入绝境，逼你让步。你必须冷静地评估：谈判的时机是否已经到来，如果你还处于弱势地位，就需要提高自己的地位，你需要制订备用计划或找到各方面的资源。如果你能与我和其他读者在社交媒体上分享自己与"怪物"谈判的故事，并打上与"怪物"谈判的标签，我将非常高兴。